네 인생에 클래식이 있길 바래

일러두기

※ 제목의 규범 표기는 '~바라'이나, 일상에서의 사용 빈도와 어감을 고려해
'~바래'로 표기했습니다.

※ 클래식 곡명의 표기는 다음과 같이 정리했습니다. 표제나 묶음집 명은《 》
에 넣었고, 부제가 있다면 〈 〉에 넣었습니다. 또한 모든 곡명은 처음 등장
할 때 굵은 고딕체로 강조해 한눈에 들어오도록 했습니다.

※ '음표로 띄운 추신'에 나오는 클래식 곡들은 QR코드가 수록되어 있습니다.
QR코드가 제대로 인식되지 않을 경우 '유튜브 검색어'를 넣어 감상하시길
바랍니다.

네 인생에
클래식이 있길 바래

조현영 지음

모차르트, 베토벤, 쇼팽
우리가 사랑한 작곡가와 음표로 띄운 37통의 편지

현대
지성

인생을 살다 보면 누구나 한 번쯤 자신의 삶에 대해 질문을 던지곤 합니다. 지금 내가 잘 살고 있는지, 내가 가는 방향이 맞는지, 무엇을 바라보고 사는지 갑자기 모든 것이 혼란스러울 때가 있습니다. 『네 인생에 클래식이 있길 바래』는 이처럼 세상 속에서 '나'의 존재를 고민하는 이들에게 클래식 음악에 비추어 나아갈 길을 보여줍니다.

저자는 책에서 "시간을 견뎌낸 음악은 힘이 있다"라고 말합니다. 그 힘에 기대어 살아가라는 다정한 조언처럼 이 책은 비단 클래식 음악을 알려주는 것에서 그치지 않고, 인생에서 클래식 음악을 어떻게 받아들여야 하는지까지 이야기합니다. 클래식 작곡가의 내밀한 삶을 접하고 그들의 음악이 작곡된 경위를 알고 난 후에 저자가 어떤 마음으로 음악을 삶에 들였는지 읽다 보면 자연스레 독자 자신의 이야기도 떠오를 것입니다. 클래식 음악에 관한 지식을 습득하는 것을 넘어, 어느 순간 그 음악의 주인공이 된 나를 발견할 것입니다.

이 책에는 몇 백 년 전을 살았던 작곡가의 삶과 현대를 사는 나의 삶을 연결해주는 특별한 힘이 있습니다. 클래식 음악을 알고 싶은 분들뿐만 아니라 세상 속 자신을 들여다보고 싶은 분들에게도 응원의 마음을 담아 이 책을 권합니다. 듣는 순간 사라지기에 '시간 예술'이라고 불리는 클래식 음악이 『네 인생에 클래식이 있길 바래』와 함께 우리 삶에 새로운 흔적으로 남아 세상을 살아갈 힘이 되길 바랍니다.

♪ 황예은

_72만 클래식 유튜브 채널 〈또모〉 운영자, 오리지널라이브 대표

빠르게 변하는 요즘 시대에 사람들이 독서보다는 동영상을 통한 지식습득을 더 익숙하게 느끼는 건 어쩌면 당연한지도 모르겠다. 클래식 음악계에 종사하는 한 사람으로서 느끼는 아쉬운 부분은, 큰 노력 없이 영상으로 손쉽게 얻은 지식은 깊은 개념으로 자리 잡기가 어렵다는 점이다.

『네 인생에 클래식이 있길 바래』는 수백 년 역사의 클래식 음악을 작곡가들의 실제 삶과 음악이 작곡된 배경 이야기를 통해 자연스럽게 알려준다. 마치 자신의 아이에게 또는 인생의 후배에게 전하듯 인생의 이치와 작곡가들의 삶을 연관 지어 들려준다. 클래식 음악은 실로 우리의 삶과 닮아 있기에, 인생에 대한 사유와 클래식 지식을 함께 습득하게 하는 이 책이 유독 반갑다.

나와 조 작가의 인연은 30여 년 전 독일 유학시절로 거슬러 올라간다. 책을 좋아하는 친구들끼리 한국에서 공수해온 책들을 자연스럽게 바꿔가며 읽던 시절, 우리는 책을 좋아하는 무리 중 일부였다. 음악도로서 비슷한 꿈을 꾸며 치열하게 공부하고 서로를 격려했던 20대를 지나, 귀국해서는 대학 강단에 서며 교육자와 연주자의 삶을 병행했던 30대의 바쁜 시절을 겪었다. 그리고 어느 정도 안정을 이룬 40대 초반의 어느 날, 작가로 변신한 그녀가 나에게 첫 책을 선물했다. 나는 그녀가 앞으로도 작가로서의 활동을 계속 이어갈 거라는 걸 직감적으로 알 수 있었다.

연주자의 삶도 병행하고 있기에 그녀에게는 연주를 준비하고 무대에 올리는 과정을 통해 체득한 깊은 통찰이 있다. 학구적인 베이스를 놓치지 않으면서도 감성을 어루만져주는 덕목이야말로 클래식 음악을 전달하는 데 최적화된 조건이 아닐까. 그녀가 전하는 책 속의 보석 같은 지혜를 많은 독자들이 발견하길 바란다. 우리가 살면서 경험하는 많은 일들과 맞닿아 있는 클래식 음악을 통해 독자 여러분의 삶이 조금 더 풍성해지길 희망한다.

♪ 윤진원
_경희대학교 음악대학 교수, 비올라 연주자

무거운 인생에서
클래식이라는 날개를 달고 유영하길

하쿠나 마타타!

영화 《라이언 킹》에 등장하는 말로 "문제없어, 다 잘될 거야!"라는 뜻이다. 나의 친구 중 하나는 이 말을 마치 주문처럼 외우고 다녔다. 살면서 이런 나만의 마법 주문이 하나쯤 있는 것은 어떤 식으로든 도움이 된다. 나도 내가 듣고 싶은 말, 기억하고 싶은 말을 입으로 읊조리는 것을 좋아한다. 그중 하나는 음악용어인 '바소 콘티누오Basso Continuo'다. '통주 저음'이란 뜻으로 곡의 처음부터 끝까지 지속해서 연주되는 건반악기의 베이스를 말한다. '지속하다'라는 뜻의 영어 'continue'에서 어원을 찾을 수 있는 이 말은, 내 삶에서 '가치관'과 같은 의미로 사용된다. 어떤 문제에 직면했을 때 이것이 과연 내 삶에 지속적으로 울려 퍼지는 베이스처럼 어울릴 만한 일인지 아닌지를 떠올려 답을 찾게 하는 것이다.

인생의 문제 앞에서 무엇을 참고해야 할까

우리는 살면서 다양한 인생의 문제들을 직면한다. 같은 문제라도 사람에 따라 나이에 따라 해결하는 방식도 다르다. 나는 인생의 경험이 부족했던 젊은 시절엔 가장 가까이 있는 부모님이나 형제 또는 친구나 직장의 사수를 통해서 해결책을 찾으려 했고, 나이가 들면서는 클래식을 듣거나 책을 읽으며 방법을 찾으려 애썼다. 그리고 이것이 바로 이 책을 쓰게 된 이유다. '너'라는 청자를 앞에 두고 말하듯이 쓴 것은 어릴 적 부모님이 내게 해주셨던 말들이 생각나서고, 동시에 인생에서 마주치는 문제를 해결하는 방법을 찾을 수 있던 중심에 클래식이 있었기 때문이다. 한 아이의 부모가 된 이제는 클래식을 전공하면서 경험했던 혜안들을 인생의 선배로서 독자들에게 전해주고 싶다. 내가 완벽하거나 대단한 성공을 했기 때문이 아니라, 좌충우돌 여전히 흔들리지만 계속 앞으로 나아가길 애쓰고 있다는 점에서 그렇다.

지금까지 음악을 하면서 음악 때문에 괴롭고 힘든 적도 많았지만, 그럼에도 불구하고 내 인생에 음악이 없었다면 생생히 살아 있다는 느낌을 받지 못했을 것이다. 나는 음악을 하면서 인생의 많을 것을 배웠다. 어울리는 옷을 찾는 일처럼 내게 가장 어울리는 소리의 악기인 피아노를 만나 지난하고 반복되는 연습을 하면서 성실과 끈기를 배웠다. 그리고 무대에서 악기를 연주하면서 고도의 집중력과 실전에서 발생하는 여러 변수에 대한 대응력을 길렀으며, 순간순간 선택과 결정의 시간에 의견을 조율하는 법도 배웠다.

악기를 연주하는 것은 살아 있는 생물체처럼 그날그날 달라지는 악기에 내 몸을 맞추는 일이었다. 상당한 체력이 필요했고, 최적의 컨디션을 유지하지 못하면 좋은 연주가 나오지 않았기에 철저한 자기관리가 필수였다. 좋아하는 일을 하기 위해 감당해야 할 어려운 일을 기꺼이 받아들이는 연습을 자연스럽게 했다. 나는 하고 싶은 일을 하려면 먼저 해야만 하는 일을 묵묵히 해내야 한다는 것을 음악을 통해 깨우쳤다. 듣기에 황홀하고 보기에 멋진 리스트의 《초절기교 연습곡》이나 《파가니니 주제에 의한 대연습곡》, 라흐마니노프 피아노 협주곡을 성공적으로 연주하기 위해 연주자들이 얼마나 많은 시간을 참선하는 수도자처럼 견디는지 직접 연주해보지 않고서는 알 수 없는 일인 것이다.

클래식이라는 고전이 주는 지혜

그런데 "왜 꼭 클래식이어야 하나요? 다른 음악은 안 되나요? 오직 클래식만 가치가 있나요?"라고 묻는다면 조심스럽게 몇 가지 이유를 델 것이다. 나는 오래된 것에 대한 신뢰를 갖고

 네 인생에 클래식이 있길 바래

있다. 시간을 이겨내는 것들은 위대하다. 오랫동안 많은 시간이 흘렀는데도 사람들의 입에서 회자되고 여전히 흐르고 있는 음악이라면 분명 다른 것과는 차별화된 가치가 있다고 믿는다. 동서고금을 막론하고 우리가 고전이라고 부르는 것들은 다시 꺼내 읽고 들을 때마다 새로운 인사이트를 전해준다. 우리가 주로 듣는 클래식 곡 대부분이 바로크 시기부터의 것인데, 바로크만 해도 지금으로부터 300~400년 전이다. 다시 말해 클래식은 시간을 통해 검증된 음악이다.

또한 클래식은 침묵이 꼭 필요한 음악이다. 시끄럽게 떠들면서 들을 수 없고 집중해서 들어야 한다. 그러다 보면 어느샌가 클래식은 현실에서 벗어나 우리를 환상의 세계로 인도한다. 클래식이 가지고 있는 명상적 기능이다. 이는 깊게 그리고 길게 들어야만 누릴 수 있다. 생각하고 멈출 여유를 선물하는 클래식은 스트레스가 많고 경쟁에 내몰리기 쉬운 현대 사회에 꼭 필요한 음악이다. 급한 세상에서 음악만이라도 좀 여유롭게 들어보면 어떨까?

클래식을 듣다 보면 덤으로 작곡가와 연주자의 인생까지 느낄 수 있으니, 인생을 간접 체험할 수 있다는 것도 좋은 점이다. 시대가 쉽고, 빠르고, 간단한 것에 대해 찬사를 늘어놓는 때이지만 그럴수록 어렵고, 더디고, 복잡한 음악을 통해 변하지 않는 고유의 가치를 찾길 바란다. 클래식을 들으며 인생이 폭풍을 뚫고 순풍을 타고 나아가는 경험, 그 가볍고 행복한 느낌을 독자들이 느꼈으면 좋겠다.

　처음 이 책의 집필을 의뢰받았을 때, 내 아이 혹은 인생의 후배에게 해주고 싶은 클래식 이야기를 듣고 싶어 하는 누군가가 있다는 것에 매우 기뻤다. 그동안 일곱 권의 책을 쓰며 순간순간 많은 것을 배웠지만, 이번 책을 통해서는 지금까지의 인생 전부를 반추할 수 있는 귀한 시간을 만끽했다. 초고는 이미 1년 전에 마무리했지만, 수정과 교정을 거쳤던 시간 동안 더욱 세밀하게 감정을 들여다보고 다듬을 수 있게 힘을 실어준 이승미 편집자께 진심 어린 감사를 전한다. 마지막으로 내 인생에 클래식을 선물해주신 부모님과 나의 현재와 미래에 언제나 함께 할 남편과 사랑하는 아들 준서에게 다정한 편지를 띄운다.

 　　　　　　　네 인생에 클래식이 있길 바래

차례

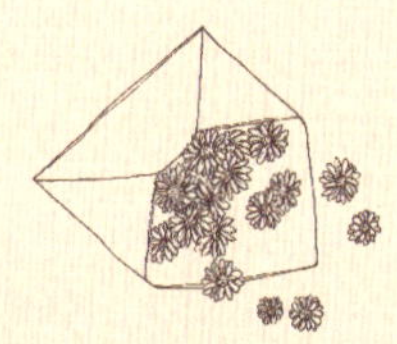

1장

〈엘리제를 위하여〉를 배우기 시작한 너에게

__클래식을 처음 접할 때

이름을 불러줄 때
클래식은 네게로 와 꽃이 된다

외갓집은 딸 부잣집이다. 아들 하나에 딸만 셋으로 보통 이런 구성원이면 큰딸, 작은딸, 막내딸로 불릴 법도 한데 가정적이고 사랑 많은 네 할아버지는 꼭 이름을 불렀다. 더불어 이름 앞엔 그날그날 할아버지가 붙이고 싶은 형용사가 함께했다. 신문 기자였던 할아버지의 특별한 재주였을까? 할아버지는 다정한 표현을 잘했다. 예를 들면 〈은파〉를 멋지게 연주하는 우리 현영이, 눈이 예쁜 우리 민영이, 글씨를 잘 쓰는 우리 은정이 이렇게 말이다. 여든이 다 되어가는 할아버지는 여전히 나와 이모들의 이름을 따뜻하고 다정하게 부른다. 할아버지가 붙여주는 형용사와 '우리'라는 한정 부사 덕택에 왠지 나는 세상 유일무이한 최고의 현영이가 된 것 같아 행복했다. 이제는 너의 엄마가 되

  네 인생에 클래식이 있길 바래

었고, 나이가 먹을 만큼 먹은 다 큰딸이지만 할아버지가 불러주는 이름은 언제나 사랑받고 있다는 느낌을 선물한다.

할아버지는 이름의 힘을 굳게 믿었다. 아이를 어떻게 불러주느냐에 따라 다르게 큰다고 했다. 믿는 대로 이루어진다는 말처럼 부르는 대로 이루어진다는 것이 할아버지의 신념이었다. 지금 생각해보니 할아버지의 생각은 맞았다. 할아버지가 불러준 그 이름대로 나와 삼촌, 이모들은 자랐다. 그래서 나도 할아버지처럼 네 이름에 여러 가지 형용사를 붙여가며 부른다. 표정 부자 준서, 웃음이 많은 준서, 말을 재미있게 하는 준서처럼 말이다. 네 영어 이름이 '펠릭스'인 이유도 하늘의 기운, 행운을 갖고 살기 바랐던 나의 마음이 담겨 있다. 펠릭스^{Felix}는 라틴어로 행운, 타고난 운을 의미한다. 인생을 평안하게 살다간 음악가 펠릭스 멘델스존(1809~1847, 독일)을 떠올리며 지었던 것이다. 내가 좋아하는 작곡가 멘델스존에 대해서는 뒤에서 더 이야기할 것이다.

모든 것은 이름이 있다. 설령 이름이 없더라도 이름을 만들어 불러주면 그것은 의미를 갖고 훨씬 가깝게 느껴진다. 나는 네 친구 엄마들 사이에서 나이가 많은 편에 속한다. 나이 차이도 있거니와 모르는 사람과 쉽게 친해지는 성격은 아니라서 엄마들과 친분을 맺는 것이 어려웠다. 그럼에도 나름 친해질 수 있었던 나만의 비법은 그녀들의 이름을 불러준 것이다. 전화번호를 저장할 때도 네 친구 이름 옆에 엄마 이름을 꼭 적었다. 지아 씨, 지윤 씨, 춘희 씨 등으로 호칭하다가 더 친해지면 모두 편하게 내 친구가 되었다. 부르는 말은 단순한 지칭을 넘어, 서로를 연결해주는 특별한 고리를 만든다.

사람들이 클래식을 어렵게 느끼는 이유 중 하나는 제목을 알지 못해서다. 20년 가까이 클래식 강의를 하면서 만났던 사람들이 한결같이 토로하는 어려움이 바로 제목이 어렵다는 것이다. 클래식을 많이 듣긴 하는데 제목을 외우지 못해서 다시 들으려고 해도 음악을 찾기가 어렵다고 했다. 물론 외국어에다 전문용어가 혼합된 제목을 단박에 기억하는 것은 쉽지 않다. 모든 클래식의 제목을 작품번호나 조성까지 정확하게 기억하는 것은 어려운 일이고, 노력이 필요한 일이다. 하물며 전공자도 세상의 모든 클래식을 기억하는 건 아니라고 하면 조금 마음이 가벼워질까? 하지만 적어도 네가 좋아하고 즐겨듣는 음악 정도는 제목을 기억해서 이름을 불러주어야 한다. 그래야 비로소 클래식 음악이 너에게 와서 의미를 갖는다.

클래식이 처음이라 어렵다면 대중적으로 알려진 멜로디에 구체적인 제목이 있는 짧은 곡부터 시작하면 되니 어렵게 생각하지 말아라. 베토벤의 〈엘리제를 위하여〉, 모차르트의 〈터키 행진곡〉, 쇼팽의 〈강아지 왈츠〉, 생상스의 〈백조〉처럼 짧고 쉬운 단어로 된 곡부터 익혀보자. 그리고 점차 클래식 곡명을 읽는 방법을 익히면 될 것이다. 작곡가의 이름과 장르 또는 연주하는 악기가 어떤 것인지만 알아도 음악의 흐름을 느끼는 데 많은 도움이 된다.

　요즘 아이들이 기초 용어를 잘 몰라 학교 수업에서 문맥을 파악하지 못한다고 들었다. 이것은 어느 분야든 같지 않을까? 비단 아이뿐 아니라 어른도 용어를 모르면 내용과 흐름을 이해하기 힘들다. 그러니 모든 배움은 용어를 익히는 것부터 시작한다는 사실을 기억했으면 한다. 클래식을 시작하는 자세도 크게 다르지 않다. 아무리 음악용어가 어렵다 한들 세 살만 돼도 영어를 배우는 요즘인데 알고자 하면 충분히 익힐 수 있다. 게다가 좋아하는 것은 아무리 어려워도 기억하게 마련이다. 서너 살 된 남자아이들이 길고 어려운 공룡의 이름을 기억하는 것을 보면 더욱 그렇다. 복잡하고 어려운 용어라도 자주 듣고, 자꾸 입에서 읊조리면 기억하게 되는 것이다. 클래식 공부에 왕도는 없다. 자주 듣고 자주 불러주고 자주 찾아보는 것이 전부다. 가까이 두고 친하게 지내는 만큼 클래식 견문을 넓히게 되는 것이다.

　클래식과 관련된 용어는 너무 어려우니 쉽게 기억하는 방법 뭐 없냐고? 나 역시 클래식을 처음 접하는 사람들에게 좀 더 쉽게 클래식을 알려주고자 같은 고민을 많이 했었다. 그런데 네가 어렸을 때 간 소아과 병원에서 어느 엄마와 아이의 대화를 듣고 생각이 바뀌었다. 엄마는 아이가 묻는 의학 질문에 용어를 원어 그대로 발음하면서 쉽게 설명을 해주었다. 나 같으면 대충 내식대로 명칭을 바꿔 두루뭉술하게 설명했을 텐데, 그

모습을 보고 '그래 이거다!' 싶었다. 클래식을 처음 접하는 이들에게도 원제 그대로 정확하게 알려주는 게 좋겠다고 생각한 것이다. 세상을 처음 사는 아이에게는 쉬운 단어나 어려운 단어나 모두 똑같이 새로운 것처럼 클래식 초보자도 마찬가지일 것이라는 깨달음을 얻었다.

다만, 음악을 들으며 메모하는 습관은 곡명을 기억하는 데 큰 도움이 된다. 그냥 듣고 즐거우면 그만 아니냐고, 무슨 메모까지 해가며 제목을 기억해야 하냐고 반문할지도 모르겠다. 하지만 살아보니 음악이라는 게 그 순간을 위한 것만은 아니더라. 내가 괴롭고 지치고 힘들 때 언젠가 들었던 음악의 힘을 빌려 그 시기를 벗어나기도 하니 말이다. 요즘은 클래식을 접하고 공부할 수 있는 매체들이 너무도 다양하게 있다. 팟캐스트도 있고, 유튜브도 있고, 매일 편하게 들을 수 있는 클래식 라디오 FM도 있다. 그러니 음악을 듣다가 곡이 마음에 들면 의식적으로 제목을 메모하면 어떨까? 특히 라디오 프로그램의 경우 별도의 앱이 있어 그날의 선곡표에 곡명이 아주 자세히 수록되어 있으니 상당히 도움이 된다. 곡명을 완벽하게 기억하지 못하겠으면 적어도 작곡가와 어떤 악기를 위한 곡인지만 알아놓아도 음악의 절반은 기억하는 셈이다.

사실 클래식 작곡가들은 자기 작품에 구체적인 제목을 붙이길 원하지 않았다. 음악은 음악으로써만 기능해야 한다는 절대음악 정신에 입각해서였다. 예외적으로 바흐 성악 작품은 성경에 곡을 붙인 것이 많아 성경 구절이 제목인 경우도 있고 또 낭만 음악 이후에는 문학적 기능이 추가되면서 소설 같은 제목도 있지만, 모든 작곡가가 표제를 붙이는 것은 아니었다. 특히 쇼팽은 자기 작품에 제목이 붙는 것을 끔찍하게 싫어했다. 한편 네가 피아노곡으로 배웠던 〈엘리제를 위하여〉라는 제목도 베토벤이 직접 붙인 것이 아니다. 나중에 분류의 편의를 위해 출판편집자가 추가했는데 지금도 그 제목으로 통용되고 있는 것이다.

클래식 음악의 제목이 너무 난해하고 어렵기 때문일까? 사람들은 예술이라는 같은 카테고리에 있는 클래식과 그림 중에 그림을 더 친숙하게 생각한다. 그림은 이름, 곧 알기 쉬운 제목이 있기 때문이 아닐까? 그림의 제목에 취해 그 그림을 마음에 담기도 하고, 제목과 자신의 상황의 접점을 찾기도 하면서 그림 안에 푹 빠지는 것이다. 화가의 이름과 제목만 떠올려도 어떤 감정이나 이미지가 따라오기도 한다. 나는 클래식 음악도 제목을 제대로 알면 그렇게 될 수 있다고 생각한다.

〈엘리제를 위하여〉가 사람들의 사랑을 받는 이유는 제목이 음악을 상상하게 만들기 때문이다. 물론 곡을 작곡한 베토벤의 인생까지 알고 있다면 〈엘리제를 위하여〉는 더욱 가깝게 느껴진다. 사랑했던 엘리제를 위해 베토벤이 작곡한 이 음악에서 '나의 엘리제'를 떠올리게 되는 것이다. 한편 간결하게 딱 떨어지거나 정확한 지칭이 있는 제목만 클래식 음악 제목은 아니다. 베토벤 피아노 소나타 32번 다단조 Op.111도 제목이다. 간단한 제목이 머리에 남기 시작하면 언젠가는 이와 같은 베토벤의 마지막 피아노 소나타 곡명도 이해하고 기억하게 될 것이다.

어떤 멋진 사람을 만났을 때면 이름이 궁금하고 알고 싶어진다. 또한 이름과 연락처를 기억한다는 것은 그 사람에게 관심이 많다는 명백한 증거다. 얼굴만 알고 이름을 모르는 사람을 잘 아는 사람이라고 이야기할 수 없듯이, 음악도 제목을 모른다면 그 음악은 모르는 음악인 것과 마찬가지다. 제목을 읽는 방법을 익히고 기억한다면 음악을 듣는 게 한결 수월해질 것이니 나를 믿고 한번 시도해보아라. 더 이상 그 음악은 배경음악으로 흘러가지 않고 네 귓가에, 네 마음에 오랫동안 남을 것이다. 클래식 음악에도 대중음악처럼 구체적인 제목이 아니더라도 모두 제목이 있다는 것, 베토벤 피아노 소나타 32번 다단조 Op.111도 제목이라는 걸 이해하는 것부터 시작하자. 부디 네가 일상에서 자연스럽게 클래식 음악의 제목을 말하는 날이 오길 바란다.

클래식 음악의 제목 읽는 법

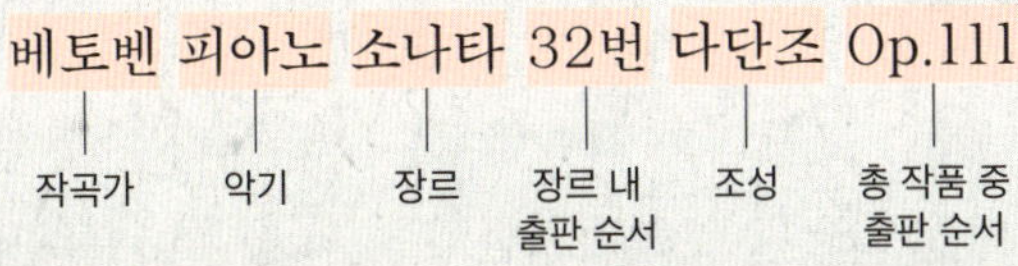

클래식에 특별한 제목이 없는 경우에도 곡명을 기억하는 방법이 있어 알려주려고 한다. 곡명은 가장 중요한 정보부터 차례대로 표시된다. 작곡가, 악기, 장르, 장르 내 출판 순서, 조성, 총 작품 중 출판 순서다.

예를 들면 베토벤 피아노 소나타 32번 다단조 Op.111의 의미는 작곡가 베토벤이 피아노로 연주하는 소나타라는 장르를 작곡했는데 그중 32번째 곡이고, 조성은 다단조에 베토벤의 총 작품 중 111번째로 출판되었다는 뜻이다.

여기서 소나타Sonata는 모든 기악곡에서 가장 많이 쓰이는 장르를 일컫는다. 문학을 산문과 운문으로 나누고 산문 안에서 소설, 드라마, 희곡 등으로 나누는 것처럼 음악도 비슷한 분류법을 사용한다.

음악은 크게 기악과 성악으로 나뉘는데, 그중 소나타는 기악의 대표적인 장르다. 소나타는 보통 3악장으로 구성된다. 그런데 베토벤 이후 미뉴에트나 스케르초 같은 부가적인 악장이 추가되어 4악장으로 변했다가 이후에 작곡가의 취향대로 5악장 심지어 8악장까지 방대하게 확장되기도 했다. 이후 소나타 악장의 구분과 개수는 무의미해졌다.

보통 Op라고 불리는 작품번호는 작품이라는 뜻을 가진 라틴어 'Opus'의 약자이며, 숫자는 한 작곡가의 일생에서 작품이 출판된 순서대로 붙인다. 이 번호는 작곡가 자신이 직접 붙인 게 아니라 출판업자에 의해 붙여지거나 사후에 추가된 것이다. 또한 베토벤 이전의 작곡가 중에는 작품에 대한 저작권을 갖고 있지 않은 경우가 많아 작품을 정리한 학자의 이니셜을 붙여 표기하거나 장르별로 구분해 번호를 붙이기도 한다.

예를 들어 바흐는 단순하게 독일어로 '바흐작품목록'이라는 뜻을 지닌 'BWV Bach Werke Verzeichnis', 모차르트는 정리한 사람인 '쾨헬'의 이니셜 'K'를 사용하며, 하이든 역시 '호보켄'이라는 사람이 정리해서 'Hob'을 사용한다.

베토벤 이후의 작품은 대부분 Op를 붙인다. 간혹 베토벤 이후인데도 Op가 아닌 다른 이니셜로 표기하는 경우가 있

 네 인생에 클래식이 있길 바래

는데, 중요한 것은 어떤 기호든 기호 다음 붙는 숫자는 출판 순서를 의미한다는 것이다. 전공자들도 모든 작품번호를 외우는 것은 아니니 숫자에 약하다면 장르명과 장르 내 출판 순서까지만 외워도 훌륭하다.

클래식을 네 삶의 무기로 만드는 법

나는 나이가 들수록 작곡가 베토벤을 사랑하게 되었다. 베토벤의 음악에는 역경을 이겨낸 사람에게만 있는 힘이 있다. 그의 음악은 물론이거니와 가치관과 철학은 알면 알수록 왜 그가 악성(음악의 성인)인지 고개가 끄덕여지게 한다.

베토벤은 귀가 들리지 않았는데 어떻게 작곡을 할 수 있었을까? 그는 소리를 듣지 못했지만 음악을 상상하는 능력이 대단했다. 소리가 진동으로 전해졌을 때 어떤 멜로디를 내는지, 다른 악기들과 어떤 하모니를 이루어내는지 그릴 수 있었다. 들리지 않는 상황에서도 애써 들으려 노력했고, 그것을 발판으로 소리 너머의 것을 상상한 것이다. 베토벤은 상대의 입 모양부터 얼굴 표정, 제스처까지 모두 하나의 소리로 읽어내 기억했고 그것을 음악으로 탄생시켰다. 베토벤의 청력 상실은 인생에서 많은 것을 빼앗은 것처럼 보였지만, 그로 인해 위대한 열매를 맺게 했다. 그가 남긴 수많은 명언 중에 내가 정말 좋아하는 말이 있으니, 바로 "많이 듣고 조금 말하라"다. 실로 모든 것을 들으며 배우려 노력했던 베토벤의 삶을 그대로 보여주는 말이다.

나는 목소리가 지나치게 큰 사람과 대화하거나, 소란스러운 곳에서 대화하고 나면 귀가 얼얼하면서 머리가 아프다. 혹은 길거리 차량의 시끄러운 확성기 소리에 눈살이 찌푸려지기도 한다. 너도 알겠지만 목소리가 크다고 잘 들리고 기억에 남는 것은 아니다. 특히 대화를 할 때에는 꼭 필요한 말만 조곤조곤 하는 사람의 이야기가 더 여운을 주기도 한다. 그런데 귀가 저절로 기울여지는 대화를 하는 능력만큼이나 살면서 꼭 필요한 것은 다른 사람의 말을 귀 기울여듣는 능력이다. 나는 끊임없이 말을 늘어놓는 사람을 만나고 나면 기운이 쫙 빠져서 컨디션이 쉽게 돌아오지 않는다. 말하는 것만큼이나 듣는 것도 에너지를 많이 소모한다. 단순히 소리만 듣는 게 아니라 그 소리의 의미와 표정과 제스처까지 읽어야 하기 때문이다. 상대의 이야기를 집중해서 들어주는 자세로 클래식 음악도 들어보면 어떨까? 음악을 들을 때 단순히 'Hear 들리다'의 자세가 아니라 'Listen 귀 기울이다'의 자세가 필요하다는 뜻이다.

오랫동안 클래식을 들었는데도 여전히 모르겠다고 하소연하는 이들의 말을 들어보면 클래식을 배경음악으로만 들었던 경우가 대부분이다. 보통 책을 읽으면서, 그림을 그리면서, 운동을 하면서, 출퇴근하면서 클래식을 듣는다고 했다. 물론 음악을 듣는다는 게 편안하고 기분 좋은 경험이어야 하는 것은 맞지만 평생 이렇게만 들어서는 음악의 진정한 의미를 느끼기는 어렵다. 집중해서 기억하며 만나는 경험이 없다면 그저 의미 없이 흘러가는 배경음악일 뿐인 것이다. 클래식을 네 삶의 무기로 쓰기 위해서는 먼저 제목을 기억하고, 그다음에 꼭 집중해서 들어보아야 한다. 노파심에 말하면, 이 말을 클래식 음악은 반드시 공부를 해야만 알 수 있는 분야라고 오해하지 않았으면 한다. 대중가요도 마음에 들면 따라 부르고 싶어서 가사를 외워본 적이 있을 것이다. 좋아하고, 알고 싶은 마음만 있다면 수고로움도 공부가 아닌 놀이처럼 느껴지는 법이다.

가끔 강연장에서 만난 사람들이 클래식을 들으면 좋은 점이 뭐냐고 묻기도 한다. 그럴 때마다 나는 클래식은 경청의 기술을 익히게 해주고, 귀 기울여듣는 것의 가치를 깨닫게 해준다고 대답한다. 이러한 클래식의 이점을 나는 몸소 체험했다. 바로 너를 키우면서다. 클래식 음악을 집중해서 들었던 습관이 네 이야기를 잘 들어주는 엄마로 거듭나게 한 것이다. 많은 육아서에서는 아이의 말만 잘 들어주어도 문제의 대부분이 해결된다고 말한다. 나는 클래식 음악 듣는 습관으로 육아의 기술까지 익힌 셈이다. 또한 음악 상담을 공부하면서는 경청이 육아뿐 아니라 인생에 꼭 필요한 기술임을 확신할 수 있었다. 내

담자를 앞에 두고 상담할 때 눈빛으로, 말의 온도로, 손짓으로 그들의 말에 진심으로 귀 기울여야만 속마음을 털어놓았기 때문이다. 경청의 기술이 힘을 발휘하는 분야는 비단 인간관계뿐만이 아니다. 잘 들어야 잘 말할 수 있고 잘 배울 수 있다.

그동안 클래식을 많이 들어온 나 역시 집중해서 듣는 경험으로 다시 보게 된 음악이 있다. 호주 여행을 갔을 때 와이너리가 넓게 펼쳐진 시골의 작은 집에서 새벽에 만난 올리비에 메시앙의 《새의 카달로그》다. 여행 중이라 너무 피곤했는데도 대자연의 은혜를 가득 품은 새소리가 너무 청명해서 저절로 깼다. 도시에서 핸드폰 알람에 피곤한 몸을 억지로 일으켰을 때와는 전혀 다른 느낌이었다. 이름 모를 새가 내게 보내는 신호에 가뿐하게 침대에서 일어났다. 새를 좋아하지도 않는데 말이다. 그때 깨달았다. 새가 내는 소리가 단순한 소리에 그치지 않는구나, 귀를 기울이면 누군가의 귀에는 새소리가 음악으로 들리겠구나 하고 말이다. 이런 생각 끝에 유난히 새를 좋아해 새소리로 음악을 만들었던 프랑스 작곡가 올리비에 메시앙이 떠올랐다. 나는 그날 새벽, 메시앙의 《새의 카달로그》를 연거푸 들었다. 어렵다고만 느꼈던 메시앙의 현대음악이 사람과의 대화처럼 들렸던 잊을 수 없는 순간이다.

메시앙,
《새의 카달로그》 중 〈알프스 산맥의 요정〉

유튜브 검색어 

Messiaen, Catalogue d'oiseaux

20세기 현대음악의 거장으로 불리는 올리비에 메시앙 (1908~1992)은 프랑스의 작곡가이자 오르간 연주자다. 나는 작곡가의 생애를 살필 때 가족 특히 부모와 관련된 부분은 꼼꼼히 읽는데, 해당 작곡가가 유년 시절에 어떤 영향을 받으며 자랐는지 알 수 있기 때문이다. 메시앙은 영문학자와 시인이었던 부모 덕택에 타고난 문학적 감각을 지닐 수 있었다. 그는 문학뿐만 아니라 음악에도 뛰어난 능력을 드러내어 파리음악원에 입학했고, 스승의 권유로 인도네시아 음악과

네 인생에 클래식이 있길 바래

고대 그리스 음악에 관심을 가지면서 이국적이고 신비주의적인 음악에 심취한다. 60년 동안이나 파리의 성삼위 성당Holy Trinity Catholic Church에서 오르간 연주자로 일했는데, 이 때문인지 메시앙에게는 음악가 이전에 종교인의 모습이 강하게 보인다.

바이올린 연주자인 클레르 델보와 결혼하고 초반에 행복한 생활을 영위하다가, 델보가 뇌를 다쳐 나머지 생을 정신병원에서 보내면서부터 떨어져 살았다. 메시앙은 부인의 투병 기간 동안 혼자 아들을 키우며 힘들게 음악 활동을 이어 갔고, 부인을 떠나보내고 난 후에는 피아니스트와 결혼해 인생 후반기를 평온하게 보냈다.

1958년에 발표된 피아노 독주곡 《새의 카달로그》는 제목 그대로 새의 소리를 음표로 재현해 만든 음악이다. 보통 사람의 귀에는 평범한 새, 모두 똑같은 새의 울림으로 들리지만 그의 귀에는 다른 소리로 들렸다. 그는 음악가이면서 새 박사였다. 직접 새소리를 구분하고 음표로 나타낸 이 음악은 종교적인 곡이 아님에도 왠지 모를 종교적인 느낌을 풍긴다. 새소리 사냥꾼이라는 별명답게 그는 세상에 있는 모든 새의 소리에 깊은 관심을 가졌다. 자연에서 만들어지는 모든 소리는 그에게 또 다른 음악이었다. 그의 두 번째 부인 역시 좋은 귀를 가진 음악가여서 메시앙의 피아노 음악을 듣고 어느 새인지 맞추기도 했다고 한다. 새를 좋아하는 사람이라면 메시앙의 음악을 듣고 어떤 새의 소리인지 맞추어보는 것도 재미있을 것이다.

77가지의 새소리가 13곡에 걸쳐 재현되는 이 음악은 총 일곱 권에 담겨 있다. 전체 연주시간은 3시간이 넘기에 연주자들은 좋아하는 곡을 발췌해서 연주하곤 한다. 방대한 곡의 길이에 겁을 먹지 말고 그저 편하게 새를 상상하며 소리에 심취해보길 권한다.

fine

 네 인생에 클래식이 있길 바래

형태가 없기에 어려운 고전, 클래식

내가 어릴 때 정말 재미있어했던 게임은 블라인드 테스트였다. 보통 블라인드 테스트라고 하면 눈을 감고 촉각이나 미각을 통해 답을 찾는 경우가 많은데, 나는 특이하게도 청각을 통해 답을 찾길 좋아했다. 이를테면 좋아하는 음료를 나열해 놓고 컵에 따르는 소리를 들으며 음료의 브랜드를 맞혀보는 것이다. 음료 맛이 아니라 음료를 따르는 소리라니 도저히 맞힐 수 없을 것 같은 기준이지만 나는 용케도 답을 알아차리곤 했다. 최근 예능 프로그램 중에 누가 진짜 원조 가수인지를 맞히는 〈히든싱어〉를 좋아했던 이유도 이런 취향 덕이다.

본격적으로 피아노를 전공하면서는 같은 음악을 연주하는 여러 연주자의 정체 맞히기를 좋아했다. 음악은 같은 곡이라도 누가 연주하느냐에 따라 분위기가 크게 달라진다. 얼핏 들으면 별 차이가 없지만 연주자마다 다른 연주기법을 놓치지 않고 듣다 보면 미묘한 차이가 느껴진다. 그 미묘한 차이가 쌓여 곡 전체의 분위기를 다르게 하는 것이다. 마치 소머즈가 된 듯 멀리서 들리는 작은 소리도, 미세한 차이도 놓치지 않고 포착해 그들을 구분해내는 것이 나의 놀이였다.

나는 청각에 예민해서 클래식 음악의 각기 다름을 느끼는 것이 나에게 풍부한 영감과 즐거움을 주었는데 아쉽게도 대부분의 사람들은 그렇지 않은 것 같다. 아마 클래식 음악이 보이지 않고 형태가 없기 때문일 것이다. 요즘 자신의 일상을 공유하는 SNS에서도 미술관에서 찍은 사진은 자주 보이지만 연주회에 가서 찍은 사진은 상대적으로 적은 모습을 보인다.* 시각적으로 명명백백한 미술 작품을 보고 있어도 형태와 의미를 이해하기 어려울 때가 많은데, 형태가 없는 예술인 클래식은 오죽하랴. 심지어 클래식(클래식 중 기악음악을 지칭)은 가사도 없기에 오로지 머릿속과 마음속에 떠오르는 느낌으로만 파악해야 하니 훨씬 어려운 것이다. 이것이 클래식 음악이 사람들의 선호도 면에서 뒤처지는 이유이고, 클래식 공부가 어려운 이유다. 특히 시각 자극에 익숙한 요즘 시대에는 더욱 그렇다.

* 연주회와 관련된 사진이란 구입한 프로그램북만을 찍거나 연주회장에 마련된 포토월에서 찍는 사진을 말한다. 공연 특성상 연주 실황을 사진으로 찍거나 영상으로 올리는 것은 당연히 예의가 아니고 금지된 일이다.

네 인생에 클래식이 있길 바래

예로부터 소리를 기억하고 기록하기란 쉬운 일이 아니었다. 음악은 약 5만 년 전 호모 사피엔스가 출현하면서 인간이 느낀 감정과 생각을 표현하는 도구로 탄생했다. 하지만 소리가 악보로 기록되었다고 해도 전문 연주자가 아닌 이상 그것을 읽지 못하는 사람이 많았고, 음악을 연주했던 악기가 남아 있지 않아 악보 위에 쓰인 음표들이 어떤 소리를 내는지 알기 힘든 경우가 빈번했다. 이런 구전의 어려움에도 클래식 음악은 지금까지 살아남아 전 세계 사람들의 마음을 흔들고 있으니, 정말 위대한 것은 눈에 보이지 않는 법이라는 명제를 실감한다. 네가 날마다 숨 쉬는 데 필요한 산소, 얼굴에 부딪치며 느끼는 바람, 사람이 함께 사는 데 꼭 필요한 사랑, 평생을 함께하자고 맹세했던 연인에 대한 믿음 등이 보이지 않지만 느낄 수 있는 가치인 것처럼 말이다.

뛰어난 미술 작품 앞에서는 흔히 갑자기 다리에 힘이 빠져 주저앉거나 심장박동이 빨라지는 스탕달 증후군을 경험한다고 한다. 이는 컴퓨터 모니터로, 도록으로 보는 그림과 달리 진품이 주는 감동이다. 클래식 음악도 이와 비슷하다. 클래식 음악은 현장 예술이다. 제대로 즐기기 위해서는 음향 시설이 좋은 홀에 직접 가야 한다. 집에서 스트리밍 사이트나 유튜브를 통해 음악을 들을 수도 있지만, 현장이 주는 묘미는 다를 수밖에 없다. 연주자의 몸짓과 소리 하나하나가 무형의 음악을 유형의 음악으로 만들어낸다. 연주홀에 가면 형태가 없던 음악에 조금이나마 형태가 생긴다고 표현하면 이해가 될까?

물론 웬만한 노력과 정성 없이는 연주홀에서 직접 음악을 듣는 일은 어렵다. 운동을 하려고 몸을 일으켜 헬스장에 가는 게 운동을 하는 것보다 훨씬 어려운 일인 것처럼, 연주홀에 가기 위해서도 준비가 필요하다. 가고 싶은 공연을 찾아보고, 티켓을 예매하고, 그 시간에 미리 도착하기 위해 시간을 조정하고, 장소가 장소인 만큼 단정한 옷차림으로 에티켓을 지키는 일에도 신경을 써야 한다. 이런 모든 절차 때문에 일단 연주회에 발을 내딛는 데까지는 시간이 꽤 걸린다. 전시 기간 내라면 언제든 시간을 자유롭게 조절할 수 있는 미술 감상과는 또 다른 과정이다. 또한 전시회는 혼자서 보고 싶은 만큼 보다가 퇴장해도 되지만, 연주회는 곡이 끝날 때까지 자리에 머물러야 한다는 점도 압박감으로 다가온다. 뿐만 아니라 공연장에서 여러 사람과 나란히 앉아 미동도 조심해야 한다는 사실도 갑갑하게 느껴질 수 있다. 즉, 현실적이고 구체적인 이유로 클래식 음악으로의 진입은 매우 지난하다. 그럼에도 불구하고 클래식 음악은 어떤 강력한 힘으로 지금까지 사람들의 사랑을 받고 있을까?

내가 중학교 때의 일이다. 아직 클래식 초보였던 나는 세상이 하염없이 힘들게 느껴졌다. 아마도 사춘기 영향이었을까? 괜히 주변 사람들에게 짜증을 내고, 학교 공부도, 친구 관계도 힘들다고 느꼈던 그때, 우연히 알비노니의 〈아다지오〉를 듣게 되었다. 지금도 알비노니라는 작곡가를 알고 있는 사람은 그

 네 인생에 클래식이 있길 바래

다지 많지 않을 정도로 그는 모차르트, 베토벤만큼의 인지도가 있는 작곡가가 아니다. 내가 알비노니를 만난 것은 정말 우연이었다. 음악실을 자주 드나들었던 내게 선생님은 종종 여러 가지 음반을 보여주었는데, 그때 제일 앞줄에 있는 음반이 바로 알비노니였다. 보통 음반은 알파벳순으로 정렬되어 있기에 알비노니Albinoni의 〈아다지오Adagio〉는 작곡가의 이름도 곡명도 모두 A로 시작되어서 제일 앞에 있었다. 먼지 쌓인 음반을 집어서 "알비노니?"라고 조용히 입으로 읊조렸던 기억이 아직도 선명하다. 음반을 이리저리 둘러보고 있으니 선생님은 "궁금하면 한번 들어봐"라고 말하며 음악을 틀어주었다. 아마 그 짧은 순간이 없었더라면 나는 더 오랫동안 방황했을지도 모르겠다. 애늙은이였던 나는 그때부터 혼자 방에 처박혀서 알비노니의 〈아다지오〉를 주구장창 들으며 울었다. 〈아다지오〉라는 곡이 이다지도 위로가 될 줄이야. 12분 정도 되는 음악을 반복해서 듣다 보면 마음이 한결 가벼워졌다. 그때의 기억 때문인지 지금도 마음이 불편하거나 슬프면 알비노니를 자주 찾는다.•

바로 여기에 형태가 없는 고전인 클래식이 오랫동안 사람들의 사랑을 받으며 살아남는 이유가 있다. 한 사람의 인생에 클래식이 스며들었을 때 강력한 영향력을 발휘하는 것이다. 물론

• 알비노니의 작품으로 알려진 이 곡은 나중에 음악학자 지아조토가 1958년에 작곡한 작품으로 밝혀져 요즘은 지아조토의 〈알비노니 주제에 의한 아다지오〉로 불린다.

대중가요도 인생을 위로하는 힘이 있지만, 때론 대중가요에 붙은 가사가 오히려 한정된 상황을 만들어서 딱 '나를 위한 노래다!'라고 느끼기 어렵게 만들기도 한다. 반면 가사가 없는 클래식은 해석의 여지가 열려 있기에 각자의 상황에 맞는 음악으로 다가가는 것이다. 이런 매력 때문에 클래식을 잘 모르는 사람도 어느 날 갑자기 클래식에 흠뻑 빠지는 경우가 종종 있다.

관심을 기울여야 들리고, 들리면 보이고, 보이면 깨닫게 되는 것이 인생의 이치다. 세상에 울려 퍼지는 수많은 소리 중에 과연 네가 집중해서 들어야 할 소리는 어떤 것인지 신중하게 고민해보길 바란다. 화려하고 현란하며 자극적인 것이 아닌 단아하고 복제가 불가능한 소리를 듣는 일에 집중하면 그토록 듣고 싶었던 네 내면의 소리도 반드시 만날 수 있을 것이다. 자신이 원하는 삶을 사는 것보다 중요한 일은 없기에, 집중해서 소리를 듣는 훈련은 인생에서 꼭 거쳐야 할 관문이라 할 것이다.

 네 인생에 클래식이 있길 바래

지아조토,
〈알비노니 주제에 의한 아다지오〉

유튜브 검색어 

Giazotto, Adagio for Strings and Organ in G Minor

작곡가 토마소 알비노니(1671~1751, 이탈리아)는 비발디, 바흐와 비슷한 시기에 활동한 바로크 작곡가다. 알비노니의 작품 중에서 우리에게 가장 많이 알려진 곡이 〈아다지오〉다. 이 곡은 알비노니의 교회 소나타 일부로 작곡되었다가 대중에게 알려지지 않은 채 잊혔다. 그 후 작곡가이자 음악학자인 레모 지아조토(1910~1998, 이탈리아)가 독일 드레스덴의 도서관에서 이 악보를 발견한 뒤, 자신의 생각을 더해 〈알비노니 주제에 의한 아다지오〉를 탄생시키면서 널리 알려졌다.

지아조토는 알비노니의 작품 목록을 만든 사람이기도 하다. 그는 이 곡은 알비노니가 없었으면 탄생할 수 없었으니 알비노니의 곡이 맞다고 말한다. 하지만 1950년대 이후부터 후세의 연구가들이 지아조토의 작품으로 정정하기 시작해 〈알비노니 주제에 의한 아다지오〉라고 불리고 있다.

애초 지아조토가 붙인 제목은 〈현악기와 통주 저음을 위한 아다지오〉인데, 여기서 통주 저음이란 이탈리아어로 바소 콘티누오 basso continuo 라고 불린다. '계속되는 베이스'라는 뜻으로 곡의 처음부터 끝까지 베이스 선율이 사용되는 것을 의미한다. 악기로는 주로 묵직한 소리를 내는 오르간이나 첼로, 더블베이스 등이 사용된다. 대개 통주 저음이 어떤 멜로디인지에 따라 곡의 흐름이 달라지기에 곡에서 기둥 역할을 하는 선율이라고 할 수 있다.

아다지오는 '천천히'를 나타내는 음악용어로 안단테'와 라르고" 중간에 있는 빠르기다. 한편 음악에서 빠르기는 메트로놈이라는 정확한 박을 쳐주는 연주 보조기구를 사용해 구분하는데, MM"'이나 BPM이라는 단위를 사용한다. BPM은 'Beat per Minute'라는 뜻으로 분당 몇 비트의 템포로 연주하

• 느리게, ♩=66~72, 1분에 4분 음표가 66~72개 정도 연주되는 빠르기
•• 아주 느리게, ♩=40~50, 1분에 4분 음표가 40~50개 정도 연주되는 빠르기
••• 메트로놈을 만든 멜첼의 숫자라는 뜻

는지를 나타낸다. 이때 숫자가 클수록 템포는 빨라진다.

〈알비노니 주제에 의한 아다지오〉는 첫 음부터 묵직한 현악기들이 한 음씩 저음으로 진행된다. 세상의 모든 슬픔 속으로 침잠하는 듯한 단조의 슬픈 멜로디가 절망에 빠진 이를 위로하는 느낌이다. 지금은 지아조토의 곡으로 판명되어 더 이상 알비노니의 곡으로 불리진 않지만, 나에겐 알비노니와 그다음 이야기를 알게 해준 고마운 곡이다.

fine

어디선가 들어본 클래식으로 시작하라

"안녕하세요? 저희 예전에 본 적 있지 않아요?"

처음 만난 사람인데 이렇게 인사를 건넸다. 나는 목소리를 기억하는 능력에 비해 얼굴을 기억하는 능력이 떨어지는 편이라 사람을 익히는 데 시간이 걸린다. 만남 내내 찬찬이 들여다보니 만난 적이 있던 사람이 맞았고, 그 후 이 사람에게 마음을 좀 더 빨리 열 수 있었다. 이렇게 생전 처음 본 사람보다 한 번이라도 만났던 사람이 친해지는 데 수월한 것처럼, 음악도 어디선가 들어본 곡에 더 쉽게 끌리는 게 당연하다.

사람들은 유명한 작곡가의 작품성이 뛰어난 곡보다 광고나 드라마, 영화에서 등장했거나 어디선가 들어본 음악, 주변에서 자주 들었던 음악을 좋아한다. 가본 적이 있는 장소, 먹어본 적이 있는 음식에 대한 선호도가 높은 것처럼 말이다. 이 사실을 몰랐던 초보 강연자 시절에는 전문가 입장에서 꼭 소개하고 싶은 작곡가의 대표곡을 열심히 설명해주는 게 최고의 강의라고 생각했다. 하지만 그건 나만의 착각이었다. 듣는 사람들은 너무 어렵지 않은 (아니 정말 쉬운) 선에서 주변에서 익숙하게 들었던 멜로디에 귀를 내주었다. 모든 강의 기획자들도 쉽고 재미있는 클래식 강의를 해달라고 부탁한다. 전혀 이해가 되지 않는 모르는 이야기를 오래 듣고 싶어 하는 사람은 세상에 아무도 없으니까 말이다. 클래식의 세계는 굉장히 방대하다. 얼마나 들어야 할 곡이 많으면 '죽기 전에 들어야 할 클래식'이라는 명칭을 붙이며 클래식을 들어보라고 권할까. 그나마도 열심히 듣지 않으면 그 목록의 곡마저도 죽기 전에 다 듣기는 힘들다. 이러한 경험으로 이제는 초보자에게 클래식 감상을 권할 때 꼭 들어야 할 명곡이 아니라 어디선가 들어본 곡부터 시작하라고 말한다.

보통 클래식을 접하게 되는 경로는 어렸을 때부터 부모님이 음악을 좋아해 집 안에 음악이 흘렀거나, 클래식을 좋아하는 사람이 곁에 있거나, 사랑하는 사람이 클래식을 좋아해서인 경우가 대부분이다. 주변의 사람에 의해 듣게 되는 것이다. 그런데 너도 알다시피 너의 외가, 친가 모두 통틀어 음악을 전공하는 사람은 내가 유일하다. 전부 이과 출신으로 음악과는 전혀 관계없는 직업을 가졌다. 이처럼 음악에는 문외한인 집안에서 내가 음악을 하며 살게 된 데는 음악을 좋아했던 할아버지의 영향이 크다. 할아버지는 집에 전축이 있어야 함은 당연하고, 집 안에는 늘 음악이 흘러야 한다고 생각하신 분이다. 자식이 네 명이나 되는 집에 그 흔한 자가용은 없었지만 거실 한가운데를 떡하니 차지했던 전축은 있었으니 알 만하다. '쾨헬'이라는 이상한 이름을 가진 전축*이었는데 쾨헬이 모차르트의 작품을 정리했던 식물학자의 이름이라는 걸 알게 된 것은 그로부터 한참 뒤다.

동그랗게 생긴 판 위에 바늘을 올려놓으면 빙빙 돌면서 소리를 내는 게 어린 마음에 너무 신기했다. 집에는 언제나 그 동그란 판이 하루 종일 돌아갔고, 일요일 오전이면 음악을 듣는 할아버지의 뒷모습을 자주 보았다. 할아버지는 음악을 들으면서 LP판의 먼지를 닦아내고 멜로디를 흥얼거리곤 했다. 일주일 동안 몸과 마음에 쌓인 피로를 날려 보내려는 듯 할아버지의 음반을 닦는 의식은 꽤 오랫동안 지속되었다.

사형제 중 유난히 네 할아버지를 따랐던 나는 음악에 대한 관심이라기보다는 할아버지가 만지는 기계가 신기하고 궁금해서 옆에서 자꾸 질문을 했었다. 할아버지는 자기와 대화 코드가 맞는 자식이 대견해서인지 시시콜콜한 나의 질문에 귀찮은 내색 없이 전부 대답해주었다. 그렇게 나는 할아버지로부터 음

* 바늘이 레코드판의 홈을 돌아가면서 내는 진동이 확성기를 통해 소리로 변환되어 나오는 오디오 장치

    네 인생에 클래식이 있길 바래

학을 듣는 일은 스스로를 편안하게 만드는 꽤 멋진 일임을 은 연중에 배웠다.

나에게 어디선가 들어본 클래식은 그렇게 시작되었다. 그중 기억에 남는 음악은 롯데 파이오니아 전축의 광고음악인 **모차르트 교향곡 25번 사단조**다. 어린 마음에도 엇박자로 시작된 우렁찬 음악이 귓가에 울리면서 음 하나하나가 레이저 쏘는 듯 강하게 박혔던 기억이 있다.

사람마다 어디선가 들어본 클래식이 분명 있다. 이제 네가 해야 할 일은 어디선가 들어봤던 음악에 대한 기억을 소환하는 것이다. 들었던 멜로디에 너만의 기억을 합체시키면 이제 더 이상 클래식 음악은 낯설고 어려운 것이 아닐 것이다. 예를 들면 엄마가 아기에게 많이 불러주는 동요 〈작은 별〉의 멜로디도 사실은 클래식과 연관이 깊다. 바로 이 곡의 주제를 가지고 모차르트가 〈작은 별 변주곡〉을 작곡한 것이다. 우리가 학교 다닐 때 들었던 시작종과 끝종으로 쓰이는 음악들도 대부분 클래식의 멜로디다. 회사 내에서 전화를 돌려줄 때 연결음악으로 자주 쓰이는 것은 **베토벤 바이올린 소나타 5번 〈봄〉**이다. 또한 가정에서 사용하는 가전제품의 알람도 클래식인 경우가 많다. 우리 집 식기세척기의 알람이 **슈베르트의 피아노 5중주 〈송어〉**이듯 말이다. 사실은 어려운 곡이지만 영화와 광고에 많이 쓰여 유명해진 리하르트 슈트라우스의 교향시 〈**자라투스트라는 이렇게 말했다**〉도 마찬가지인 경우다.

　자, 이제 네가 일상에서 들었던 클래식을 찾아볼까? 우리가 인식하지 못하는 동안에도 클래식은 우리 삶에 깊숙이 스며들어 있다. 그 멜로디로 클래식 감상을 시작해보라. 멀게만 느껴졌던 클래식이 생각보다 가까이 있음을 알게 될 것이다.

네 인생에 클래식이 있길 바래

모차르트,
교향곡 25번 사단조 KV.183

유튜브 검색어 

Mozart, Symphony No.25 in G minor KV.183

볼프강 아마데우스 모차르트(1756~1791)는 1756년 오스트리아의 잘츠부르크에서 태어나 1791년 빈에서 죽을 때까지 오페라부터 기악음악까지 거의 모든 장르에 관심을 보였다. 모차르트가 천재 신동으로 알려진 데는 여러 이유가 있지만, 가장 대표적인 이유는 한번 들으면 무언가에 끌려서 계속 듣게 만드는 신묘한 기운이 그의 음악에 있기 때문일 것이다. 그는 비록 35세에 이른 죽음을 맞이했지만 자신이 말하고 싶은 음악적 표현은 자유롭게 하다 갔다.

모차르트의 전체 교향곡 50여 곡* 중 25번과 40번만 단조곡이다. 둘 다 사단조이기에 곡의 규모로 구분해서 25번을 작은 사단조, 40번을 큰 사단조라고 부르기도 한다.

내가 어렸을 때 광고음악으로 처음 접한 작은 사단조라 불리는 25번은 24번을 완성하고 이틀 뒤에 완성한 것으로 3악장에 미뉴에트가 삽입되어 모두 4악장으로 구성되어 있다. 이 곡은 영화《아마데우스》의 첫 장면에도 흘렀다. 살리에리의 독백과 함께 비가 퍼붓는 날 모차르트의 장례를 치루는 영상으로 강렬하게 우리에게 각인되어 있다.

모차르트의 인생을 제대로 알려면 오스트리아의 두 도시 빈과 잘츠부르크를 방문해야 한다. 모차르트는 어머니 안나가 죽은 뒤 3년 후인 25세에 지긋지긋했던 고향 잘츠부르크를 떠나 빈으로 갔고, 죽을 때까지 돌아오지 않았다. 지금이야 잘츠부르크라는 도시가 모차르트의 고향으로 전 세계인들의 사랑을 받지만 당시 모차르트에게는 그리 따뜻한 곳은 아니었던 것 같다.

* 모차르트 교향곡 개수에 대해서는 의견이 분분하다. 60여 개로 말하는 학자도 있지만 위작이 포함되어 있어 정확한 숫자로 규정하긴 애매하다.

 네 인생에 클래식이 있길 바래

슈베르트,
피아노 5중주 라장조 D.667 〈송어〉 4악장

Schubert, Piano Quintet in D Major D.667 The Trout 4th Mov

어쩌다 프란츠 슈베르트(1797~1828, 오스트리아)의 음악이 우리 집 식기세척기의 알람으로 쓰였는지는 모르겠다. 아마 피아노 5중주 라장조 〈송어〉 속 피아노의 맑고 고운 소리가 또롱또롱하게 들리기 때문이 아닐까.

슈베르트의 작품은 오토 도이치 Otto Deutsch 가 정리했기에 그의 이니셜을 따서 D를 사용해서 순서를 표기한다. D.667은 도이치가 정리한 667번째 음악이라는 뜻이다. 이 곡에는 피아노와 바이올린, 비올라, 첼로, 콘트라베이스까지 다섯 개의 악기가 등장한다. 보통의 피아노 5중주는 피아노 한 대에 두 대의 바이올린, 비올라와 첼로로 구성되는데, 슈베르트의 피아노 5중주는 특이하게 바이올린이 한 대 빠지고 콘트라베이스가 포함되어 있다.

〈송어〉는 전체 5악장 구성인데 특별히 4악장이 유명한 데는 이유가 있다. 4악장은 1817년 20세의 슈베르트가 작곡한 〈송어〉라는 제목의 성악곡에서 유래했다.

가곡 〈송어〉는 슈베르트가 친구인 성악가 포글을 위해서 작곡했는데, 2년 후 포글과 함께 파움가르트너라는 친구 집을 방문했을 때 첼로 애호가인 파움가르트너가 자신도 연주에 참여할 수 있도록 다시 작곡을 의뢰했던 것이다. 그의 부탁에 따라 슈베르트는 자신의 가곡 〈송어〉를 리메이크해서 4악장을 완성했다.

작곡가들 역시 사람이기에 누군가의 요청대로 곡을 만드는 일이 잦았고, 친한 친구에게 선물하려고 그에 맞는 곡을 작곡하기도 했다. 특히 슈베르트는 자신의 작품을 리메이크해서 다른 장르로 만드는 경우가 종종 있었다.

 네 인생에 클래식이 있길 바래

베토벤,
바이올린 소나타 5번 바장조 Op.24 〈봄〉 1악장

Beethoven, Violin Sonata No.5 in F Major Op.24 Spring I

57년의 생애 동안 절반은 귀가 들리지 않았던 베토벤(1770~1827, 독일)은 작곡가로서 절체절명의 위기 속에서 생을 살았던 인물이다. 귀가 들리지 않아서 목소리가 컸고 상대방에게 화가 났다는 오해도 많이 샀지만 사실은 그 누구보다도 마음이 따뜻한 사람이었다.

베토벤은 모두 10곡의 바이올린 소나타를 작곡했는데, 바이올린 소나타 5번 바장조 Op.24 〈봄〉은 4번과 비슷한 시기인 1801년에 작곡되었다. 4번이 좀 우울한 멜로디인 것에 반해 이 곡은 아주 분위기가 밝다. 또한 1번부터 4번까지는 전체 3악장으로 구성되어 있는데, 5번은 특별하게 4악장으로 구성되어 있다. 이 시기의 베토벤은 이전 시대의 하이든과 모차르트의 영향에서 벗어나 자신만의 독창적인 음악세계를 찾으며 폭발적인 창의력을 발휘했다.

들는 사람 입장에서는 듣기 편한 곡인데, 막상 연주자 입장에서는 연주하기가 까다롭다. 바이올린 소나타라지만 피아노의 역할이 중요해서 피아니스트들 사이에서는 거의 피아노 소나타라고 불린다. 실제로 이 곡은 편의상 베토벤 바이올린 소나타라고 부르지만, 베토벤은 당시 악보에 '피아노와 바이올린을 위한 소나타'로 표기했다. 이는 피아노가 바이올린보다 먼저라고 방점을 찍은 것이다. 그만큼 피아노의 역할을 강조했고, 바이올린만 중심이 되는 보통의 바이올린 소나타와는 다른 의미를 부여하고 있는 것이다.

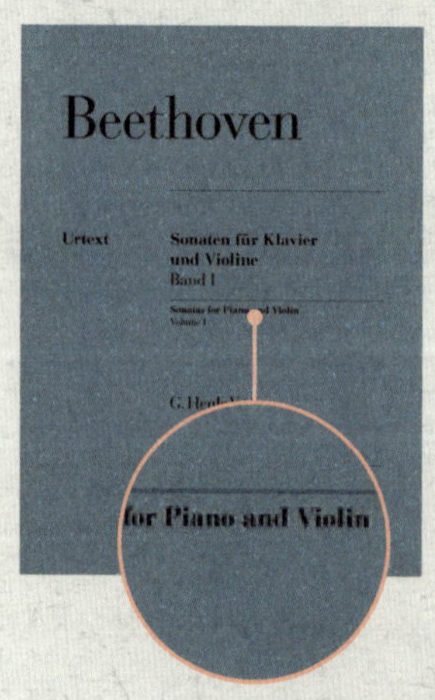

베토벤이 표기한 악보의 제목

누구나 화려한 것에 마음을 빼앗긴다

리스트

외모를 보고 사람을 평가해선 안 된다지만 누구나 본능적으로 겉모습이 화려한 사람에게 눈길이 한 번 더 가고, 세련된 말투와 멋진 제스처에 매료된다. 물건도 유행을 따르는 색깔과 디자인에 먼저 손이 간다. 자기 취향이 뭔지 잘 모를 때, 무언가를 선택한 경험이 많지 않은 젊은 시절에 특히 그렇다. 아마 너도 에너지가 넘쳐나는 네 상태와 비슷한 화려하고 색다른 것에 마음이 더 갈 것이다. 나 역시 이십 대에는 화려한 음악에 곧잘 마음을 빼앗겼다.

처음 프란츠 리스트의 곡을 들었을 때였다. 과연 인간이 그런 음악을 작곡하고 연주할 수 있는 것인지 무척 놀랐다. 게다가 그림으로 처음 본 리스트의 모습은 마치 요염한 여자 같았다. 단발머리를 찰랑찰랑 흔들면서 긴 손가락으로 연주하는 옴 므파탈! 그 후 알아본 리스트의 인생은 연주만큼이나 드라마틱 해 사람들의 관심을 끌기에 충분했다.

물론 지금은 리스트의 인생에 사람들의 입에 오르내리는 화려하고 단편적 서사만 있는 게 아님을 안다. 그럼에도 처음 리스트에게 끌렸던 이유는 순전히 음악과 인생의 화려함 때문이었다. 리스트는 마치 클래식 연주자라기보다 클래식계의 연예인 같았다. 리스트의 곡을 신들린 듯 쳐내는 연주자를 보면서는 따라 해보고 싶은 치기가 샘솟기도 했다. 이를테면 화려한 무대 위에서 스포트라이트를 받는 연예인을 따라 해보고 싶은 마음이랄까? 내가 젊은 시절 마음을 빼앗겼던 리스트에 대해 소개하는 것이 클래식을 처음 듣는 너의 흥미와 열정을 자극하지 않을까 싶다.

리스트는 헝가리에서 태어났지만 열한 살에 헝가리를 떠나 오스트리아 빈의 음악계와 파리의 사교계를 사로잡았다. 뛰어난 피아노 연주와 범상치 않은 작곡 실력, 게다가 화려한 무대 퍼포먼스까지 갖춰 당대 최고의 음악가였다. 뿐만 아니라 잘생긴 외모에, 여자의 마음을 사로잡는 능수능란한 언변술과 세련된 매너까지 어느 것 하나 모자란 것이 없었다. 고전주의 시대에서 부르주아 계층이 급격히 성장하는 낭만주의 시대로 넘어오면서, 대중들은 음악뿐만 아니라 연주자의 외모가 출중하거나 퍼포먼스가 화려한 볼거리가 있는 연주회를 원했다. 리스트

    네 인생에 클래식이 있길 바래

는 시대에 잘 어울리는 인재였다. 그는 피아니스트지만 작곡에도 능통했다. 관현악곡을 피아노로 연주할 수 있게 편곡하기도 했으며, 여러 악장으로 이루어진 교향곡과 달리 단악장으로 이루어진 '교향시'라는 장르를 개척하기도 했다. 전 유럽을 내 집처럼 드나들며 생활한 글로벌 노마드였으며, 학생들을 가르치는 교육자이자 수많은 자선 사업에 참여한 사업가였다.

리스트의 연애 또한 세간의 관심을 끌기에 충분했다. 잘생긴 외모와 퍼포먼스로 사람들의 이목을 끌었던 덕에 여러 여인과의 로맨스가 있었다. 그중 한 명은 1832년 파리에서 만난 여인 마리 다구 백작 부인이었다. 그녀는 파리 사교계에서도 알아주는 미인이었다. 1805년 독일 프랑크푸르트에서 태어난 그녀는 리스트보다 여섯 살 연상이었다. 22세라는 어린 나이에 샤를 다구 백작에게 시집을 가서 이미 두 자녀를 두고 있던 유부녀로, 리스트를 만났을 당시에는 어느 정도 결혼생활에 지쳐 있었다. 그녀는 처음 리스트를 본 순간부터 걷잡을 수 없는 감정의 소용돌이 속으로 빠져들었다. 급기야 리스트의 아이가 생기면서 둘은 스위스 바젤로 도피했다. 마리 다구 백작 부인은 자신이 가진 모든 것을 포기하고 리스트를 선택했다. 그런데 어쩐지 리스트의 명성이 치솟을수록 마리는 반대로 우울의 늪으로 빠져들었다. 자신은 리스트의 아이들을 키우며 꼼짝없이 정체된 삶을 살고 있는데, 리스트는 전 세계를 돌아다니며 인기를 끌었으니 아내 입장에서는 불안할 수밖에 없었을 테다. 결국 1844년 그 둘은 첫째 딸 블랑딘, 둘째 딸 코지마, 아들 다니엘을 남긴 채 함께한 세월을 비극적 결말로 마무리한다. 남겨진 아이들은 리스트의 엄마인 안나 리스트가 맡아 길렀는데, 그중 둘째 딸 코지마는 훗날 바그너와 결혼한다.

마리 다구 백작 부인과의 이별 후 작곡과 연주에만 전념하던 리스트는 러시아 순회 연주를 하며 운명의 두 번째 여인을 만난다. 1847년, 리스트의 나이 36세일 때다. 그 여인 역시 유부녀로 카롤리네 폰 자인 비트겐슈타인 공작 부인이다. 그녀도 마리처럼 남편을 버리고 멀리 독일의 바이마르까지 리스트를 찾아와서 불같은 사랑을 나누었다. 비트겐슈타인 공작과 이혼 소송까지 시도하지만 끝내 로마 교황청의 이혼 허락을 받지 못해 결혼에는 이르지 못했다.

두 명의 여인뿐 아니라 리스트를 좋아하는 여자들은 아마 셀 수 없이 많았을 것이다. 마른 몸과 창백한 얼굴의 리스트에게는 예술가 특유의 보호 본능을 자극하는 매력이 있었다. 물론 그 외적인 매력을 더 돋보이게 해주는 것은 누구도 범접하지 못하는 뛰어난 음악 실력이었다. 리스트의 《초절기교 연습곡》을 들어보면 정말이지 입이 쩍 벌어질 정도다.

여성 편력이 심한 호색한 같지만 생애 전반의 리스트를 살펴보면 정반대의 모습도 있었다. 1861년, 50세가 넘은 리스트는 종교적 열망에 빠져들어 검은 사제복만 입을 정도로 청빈한 삶을 살았다. 리스트의 세례명이 프란치스코 수도회의 창시자

   네 인생에 클래식이 있길 바래

성^聖 프란치스코를 뜻하는 프란치스쿠스 Franciscus•인 것만 봐도 알 수 있다. 1863년에는 수도회에 입회해 수도자의 삶을 살기로 결심하는데, 이 시기에 성 프란치스코를 주제로 한 피아노곡 《두 개의 전설》을 썼다. 〈새에게 설교하는 아시시의 성 프란치스코〉와 〈물 위를 걷는 파울라의 성 프란치스코〉가 바로 그것이다.

클래식 음악에 흥미가 좀 더 생겼을까? 이처럼 클래식 작곡가의 세계에도 '연예인'은 존재한다. 작곡가의 외모에 끌려 혹은 음악의 화려함에 끌려 클래식을 듣는 것에 죄책감을 느낄 필요는 없다. 어떻게든 시작하기만 하면 그 배움의 알맹이는 네게 남는 법이니까 말이다.

• 가톨릭 성인의 이름인 성 프란치스코는 방지거, 프란체스꼬, 프란체스코, 프란치스꼬, 프란치스쿠스, 프랜시스 등의 다양한 표기로 쓸 수 있다. 아시시의 성인 프란치스코는 젊은 날을 무모할 정도로 낭비하고 방탕한 삶을 살았다. 기사도 정신을 발휘해 전투에 참가했다가 1202년에 포로로 투옥되기도 한다. 석방된 후 고향으로 돌아온 그는 중병을 앓고 난 뒤 딴사람이 되었다. 프란츠 리스트의 삶은 인생 전반과 대조되는 인생 후반을 살았던 성인의 삶과 닮아 있다.

리스트, 《초절기교 연습곡》 S.139

유튜브 검색어 
Liszt, 12 Transcendental Etudes S.139

'피아노의 왕'이라 불리는 프란츠 리스트(1811~1886, 헝가리)는 작곡가이자 열정적인 피아노 연주자였다. 파리의 살롱에 드나드는 여성들을 언제나 열광시켰다. 그가 끼고 있던 장갑, 사용하던 손수건부터 피우다 버린 담배꽁초까지 서로 갖기 위해 싸움을 벌이다 아수라장이 될 정도였다. 독일의 시인이자 비평가인 하이네는 리스트의 열광팬을 보고 '리스토마니아Lisztmania'라는 이름을 붙였다. 그야말로 팬덤의 원조였던 셈이다.

 그의 작품 중에서도 우주 최강으로 연주하기 어려운 작품이 있다. 바로 '에튀드Etude'라고 불리는 연습곡 중 12곡으로 구성된 《초절기교 연습곡》 S.139다. 얼마나 어려우면 기교를 뛰어넘는 초절일까? 작품번호로는 S.139로 표기되는데 '셜Serl'이라는 사람이 리스트의 작품을 정리해서 그 이름의 앞 자를 따서 S로 표기한다. 15세에 작곡해서 16세인 1827년에 처음 출판했지만 1839년에 보완하고 1852년에 또다시 수정해서 완성했다. 음악에 있어서는 완벽하고 철저했던 그였기에 작품이 흡족해질 때까지 수정 보완을 거쳐 첫 출판 25년 만에 제대로 된 완결판을 내놓은 것이다.

《초절기교 연습곡》은 열두 개 중 2번과 10번만 무제이고 나머지 열 개에는 제목이 붙어 있다. 그중 《초절기교 연습곡》 4번은 1847년에 리스트가 따로 떼어내 〈마제파Mazeppa〉라는 제목을 붙여 먼저 출판했다. 곡의 제목인 〈마제파〉는 우크라이나의 전설적인 영웅인 이반 스테파노비치 마제파(1644~1709)를 가리키는 것으로 빅토르 위고의 시 〈마제파〉에서 영감을 받아 작곡한 작품이다.

한편 우리에게 리스트는 2022년 반 클라이번 국제 콩쿠르 우승자인 피아니스트 임윤찬을 통해 더 많이 알려졌다. 그 어렵다는 《초절기교 연습곡》 12곡을 연달아 연주하면서도, 젊은 치기보다는 자기만의 깊은 예술적 세계를 덤덤하게 보여준 그로 인해 리스트의 곡은 더 큰 울림으로 다가왔다.

《두 개의 전설》 1번 S.175
〈새에게 설교하는 아시시의 성 프란치스코〉

Liszt, Legende S.175 No.1 St.Francis of Assisi Preaching to the Birds

《두 개의 전설》 2번 S.175
〈물 위를 걷는 파울라의 성 프란치스코〉

Liszt, Legende S.175 No.2 St.Francis de Paule Walking on the Water

1862년 리스트는 첫째 딸 블랑딘이 아이를 낳다가 목숨을 잃고, 그토록 사랑하던 비트겐슈타인 공작 부인과의 결혼도 성사되지 않자 오랫동안 마음에 담아두었던 종교인의 삶을

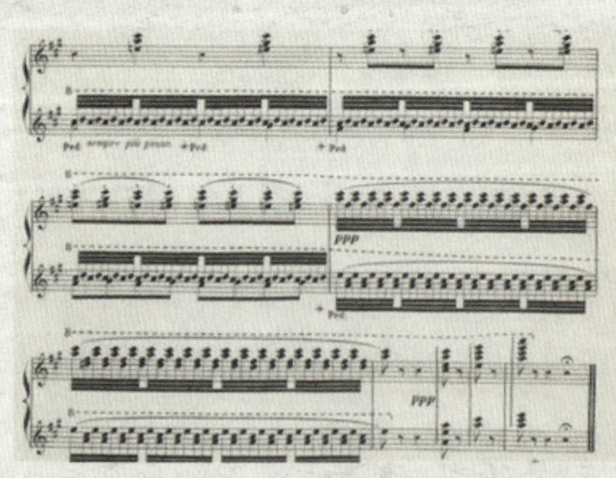

리스트, 《두 개의 전설》 1번 S.175 〈새에게 설교하는 아시시의 성 프란치스코〉 마지막 부분 악보

네 인생에 클래식이 있길 바래

실행에 옮긴다. 인생의 말년을 수도원에서 살았던 그는 성 프란치스코를 소재로 한《두 개의 전설》이라는 곡을 만든다.

첫 번째 곡에서는 새가 지저귀는 모습을 새들의 노래처럼 표현하고 새들에게 먹이를 주며 설교하는 프란치스코의 모습을 아름다운 멜로디로 표현했다. 기존의 음악처럼 화려하고 드라마틱하지 않고 처음부터 끝까지 차분하고 조용하며 다정한 음이 펼쳐지는 것이 특징이다. 화음을 하나씩 펼치듯이 연주하는 아르페지오 Arpeggio 기법에 따라 상향하는 음이 마치 공기 중으로 사라지는 비눗방울처럼 신비롭다. 또한 새소리를 표현하기 위해 트릴 tr, tril* 과 트레몰로 tremolo** 기법이 많이 쓰였다. 급기야 끝음은 '아주 여리게'라는 뜻의 피아니시시모 PPP, pianississimo 로 사라진다.

두 번째 곡에서는 독일의 화가 슈타인레(1810~1886)의 그림에 등장하는 성 프란치스코를 표현했다. 성 프란치스코가 한 손에 불타는 석판을 들고 다른 한 손은 하늘 높이 뻗은 채 파도 위를 걷는 모습을 음으로 묘사한 것이다. 오른손의 멜로디가 한 발 한 발 내딛는 성인의 발걸음을 묘사했다면 왼손은 끊임없이 움직이는 물결을 표현하는 듯하다. 왼손이 쉬

* 2도 차이 나는 두음을 계속해서 번갈아 연주하는 기법
** 한 음이나 여러 개의 음으로 이루어진 화음을 떨리듯이 빠르게 연주하는 기법

《두 개의 전설》
초판 악보의 표지

지 않고 움직이니 들을 때는 잘 몰라도 실제로 연주하기는 상당히 어렵다. 물의 흐름을 손가락으로 자연스럽게 표현해야 하니 자칫 무리하게 힘을 주면 물의 흐름도 음악적 흐름도 모두 끊기기 때문이다. 리스트 본연의 화려한 테크닉이 남아 있는 부분이다.

리스트가 말년을 종교인의 삶으로 채웠고 이 곡들의 주제도 성 프란치스코이지만, 음악을 통해 종교적인 성격을 드러낸 것은 아니다. 그저 성자 프란치스코에게서 느낀 지극히 개인적인 감정을 음표로 표현한 것이니 편하게 들어볼 것을 권한다.

fine

네 인생에 클래식이 있길 바래

유머가 있는 희망적인 음악의 세계로

하이든&요한 슈트라우스 2세

어디서든 생기 넘치고 따뜻한 사람은 인기가 많다. 그들은 유머와 위트가 있으며 대체로 긍정적인 사고를 가졌다. 환영받는 사람이 되려면 상대가 하는 말을 잘 듣고 생각을 읽어내 따뜻하고 부드럽게 의견을 전달해야 한다. 그런데 대부분의 음악가는 자기 주장이 강하다. 마치 자기 생각을 내면을 보호해주는 갑옷처럼 생각하며 철통방어를 하는 경우도 종종 보았다. 오히려 정말 단단한 사람은 부러지지 않고 굽혀졌다가 다시 일어서는 사람이다. 음악가 중에도 이와 같은 사람이 있다. 바로 오스트리아의 작곡가 하이든이다.

하이든은 자기 음악을 듣다 조는 귀족들을 깨우기 위해 **교향곡 94번 사장조 〈놀람〉**의 조용한 2악장 한가운데에 타악기 팀파니의 강력한 한방을 배치했다. 실제로 그의 교향곡을 듣다가 그 부분에서 놀라 일어나는 사람을 여럿 보았다. 일어나라고 말하는 대신 듣는 사람이 민망하지 않게 음악적으로 돌려 말하는 하이든의 위트가 묻어나는 부분이다.

요셉 하이든은 1732년에 오스트리아의 작은 마을 로라우에서 태어나 1809년까지 77세를 살았다. 아주 장수한 음악가로 생의 마지막도 빈 교외의 집에서 편안하게 맞이했다. 그가 활동하던 시대의 유럽은 강력한 왕가들이 지배했는데, 오스트리아와 헝가리 국경에서는 에스테르하지 가문이 왕가로 유명했다.

하이든은 일찌감치 빈의 슈테판 성당에서 성가대원으로 활동하며 음악적 능력을 드러냈고, 헝가리의 대표 가문인 에스테르하지 가의 파울 에스테르하지 공작에게 발탁되어 29세에 궁정 부악장에 임명된다. 그리고 막강한 부와 권력을 가진 에스테르하지 가문의 전속 음악가로 아이젠슈타트 궁전으로 들어간다.

오케스트라를 이끌며 자신이 작곡한 작품을 연주했고, 귀족과 단원들 사이에서 윤활유 역할을 했다. 그는 단원들의 불평과 의견을 공작에게 부드럽게 전달하는 뛰어난 능력을 가지고 있었다. 나이가 들어서도 하이든의 얼굴이 밝은 데는 다 이런 긍정적인 마음가짐이 있었기 때문이 아닐까? 나는 클래식을 들을 때면 작곡가의 얼굴을 자주 들여다보는데, 얼굴은 거짓말을 하지 않는다. 얼굴을 통해 작곡가가 지어낸 음악의 의도와 분위기까지 유추할 수 있음은 물론이다.

긍정과 희망을 노래했던 음악가를 떠올릴 때 빠질 수 없는 한 명의 작곡가가 또 있다. 바로 하이든과 같은 국적을 가진 오스트리아의 요한 슈트라우스 2세다. 똑같이 독일어를 사용하는 나라지만 독일과 오스트리아는 정서가 많이 다르다. 우리가 같은 한국말을 써도 지방마다 사람들의 정서가 다른 것과 비슷한 맥락이다. 차갑고 딱딱한 말투는 대부분 독일 사람들이고, 조금 더 악센트가 적고 부드러운 쪽은 대개 오스트리아 사람들이다.

요한 슈트라우스 2세는 1825년 10월 25일 빈에서 태어났다. 그는 〈라데츠키 행진곡〉으로 유명한 요한 슈트라우스 1세의 아들이다. 슈트라우스 2세는 어릴 적부터 음악에 자질을 보였으나, 21세라는 어린 나이에 아버지가 된 슈트라우스 1세가 아들의 능력을 질투해서 음악 하는 것을 반대했다고 한다. 하지만 요한 슈트라우스 2세는 아버지의 반대를 무릅쓰고 1844년에는 본인의 악단을 결성했고, 19세 때는 레스토랑에서 자기 오케스트라를 지휘하면서 음악적 능력을 펼쳤다. 슈트라우스 2세는 어렸을 때부터 자신이 어떤 음악세계를 구축해야 하는지 잘 알고 있었다.

그는 1849년 아버지가 세상을 떠나자 아버지의 악단을 합병한 뒤 지휘자와 작곡가로서 인기를 구가했으며, 1851년부터는 오케스트라를 이끌고 세계 연주 여행을 떠나 큰 호응을 얻었다. 그리고 말년에는 악단을 형제들에게 넘겨주고 오로지 작곡에만 전념하며 평온한 일상을 보냈다. 슈트라우스 2세는 욕심을 부리고 상대를 탓하며 화를 내는 대신, 모든 상황을 이해하는 쪽으로 마음을 부드럽게 다스렸던 음악가다.

그는 '왈츠의 왕'이라고 불릴 만큼 많은 왈츠를 작곡했다. 그중 가장 유명한 〈아름답고 푸른 도나우강〉은 매년 1월 1일이면 열리는 오스트리아 신년 음악회에 꼬박꼬박 오르는 곡이다. 이 곡은 오스트리아가 독일과의 전쟁에서 패배하자 실의에 빠진 국민들에게 희망을 전달하기 위해 작곡되었다. 불행한 순간에도 희망을 노래하는 경쾌하고 밝은 멜로디의 음악을 주로 작곡했던 슈트라우스 2세는 음악이야말로 고통과 절망에 맞서게 해주는 매개체임을 증명해 보였다.

슈트라우스 2세는 세 번의 결혼을 했다. 첫 번째 부인은 자기보다 일곱 살 연상이고 이미 여러 명의 아이를 낳은 러시아 출신의 예티다. 결혼생활 중 갑작스럽게 예티가 심장마비로 죽자 7주 만에 25세 연하의 릴리와 결혼한다. 그녀는 슈트라우스 2세의 음악세계를 존경하는 여성이었는데, 막상 결혼을 하고 난 뒤에는 열정이 식어서 다른 남자와 불륜을 저지르고 슈트라우스 2세와도 헤어진다. 하지만 그런 와중에도 슈트라우스 2세는 릴리에게 화를 내지 않고 당신을 이해한다는 편지를 썼다. 아무리 생각해도 세상을 긍정적으로 바라본 사람이 아니라면 할 수 없는 행동이다. 슈트라우스 2세의 마지막 부인은 아이가

네 인생에 클래식이 있길 바래

있지만 사별을 하고 혼자 살고 있던 아델레다. 결혼을 해서는 아델레의 딸 앨리스를 마치 친딸처럼 키웠다. 그는 사랑이 있다면 모든 것이 해결된다고 믿었던 사람인 것 같다.

보통의 작곡가들이 사실상 불륜이라는 형태의 이루어질 수 없는 사랑을 했고 슈트라우스 2세도 그와 다르지 않지만, 슈트라우스 2세의 사랑은 그의 희망적인 음악 때문인지 긍정적인 느낌을 준다. 사회생활과 인간관계에서도 마찬가지가 아닐까 싶다. 유머와 위트로 표현되는 밝은 기운이 있다면 우리의 단점이 상쇄되기도 하니 말이다. 네가 지닌 기질이 천성적으로 유머가 부족하다면 주위에 그런 사람을 두고 서서히 스며들며 물들 듯이 변화해보는 것도 좋을 것이다. 결국에 우리가 만나는 사람, 읽는 책, 먹는 음식, 듣는 음악 등이 우리를 설명하기 때문이다.

하이든,
교향곡 94번 사장조 〈놀람〉 2악장

Haydn, Symphony No.94 in G Major Surprise Second Move

하이든(1732~1809, 오스트리아)은 29세에 헝가리의 에스테르하지 공작의 음악가로 일하기 시작해서 30여 년 동안 일했다. 공작과의 계약이 만료된 59세에 자유의 몸이 되면서 그는 런던행을 결심한다. 그리고 런던에서 교향곡 94번 사장조 〈놀람〉을 작곡한다.

하이든은 약 3년간 영국에서 활약했는데, 이 무렵 발표했던 교향곡 열두 개(93번부터 104번까지)를 《런던 교향곡》 또는 하이든의 매니저 역할을 했던 흥행업자 잘로몬의 이름을 따서

《잘로몬 교향곡》이라고 부른다.

당시 런던의 콘서트홀에는 음악에 조예가 깊은 사람들만 있던 것은 아니었다. 청중의 대다수는 주머니 사정이 넉넉한 부르주아로 하이든은 그들의 귀를 즉각적으로 만족시켜줄 음악을 들려주어야 했다. 그래서 대담한 화성과 강력한 리듬의 교향곡을 작곡하곤 했다.

또 하이든은 청중의 지루함을 단숨에 날려버릴 팀파니의 강력한 타격을 교향곡 94번의 2악장에 슬며시 집어넣었다. 팀파니는 여러 개의 큰북이 하늘 방향으로 누워 있는 악기를 말한다. 느린 악장의 약박에서 갑자기 튀어나오는 '매우 강하게'를 뜻하는 포르티시모 ff, fortissimo 의 팀파니 연주는 사람들을 깜짝 놀라게 하기에 충분했다. 이로 인해 초연 직후에 이 교향곡은 〈놀람〉이라는 별칭을 얻는다.

2악장의 구성을 자세히 살펴보면 주제와 네 개의 변주로 이루어져 있는데 처음은 2분의 2박자 주제 선율이 약간 장난스러운 느낌으로 펼쳐진다. 그리고 강약 강약의 악센트로 진행되면서 소리가 점점 약해지다가 갑자기 약박에서 "쾅!" 하며 음량이 폭발하듯 커진다. 하이든은 이처럼 강박이 아닌 약박에서 오히려 악센트를 주며 당김음의 효과를 내는 기법을 교향곡 94번에서 종종 사용했다.

요한 슈트라우스 2세,
〈아름답고 푸른 도나우강〉 왈츠

유튜브 검색어 

Johann Strauss II, An der schonen blauen Donau

독일 서남부의 검은 숲 슈바르츠발트에서 시작된 도나우강의 강줄기는 오스트리아 빈을 거쳐 헝가리를 지나 동쪽에 있는 흑해로 빠진다. 듣고 있으면 저절로 어깨를 움직이게 만드는 〈아름답고 푸른 도나우강〉은 왈츠곡이자 남성합창곡으로 초연했지만 나중에는 기악곡으로 더 유명해진다. 요한 슈트라우스 1세의 〈라데츠키 행진곡〉과 더불어 오스트리아의 비공식 국가 같은 곡이다.

왈츠는 오스트리아의 민속 무곡인 렌틀러^{Laendler}에서 유래

한다. 렌틀러는 '시골뜨기 춤'이라는 뜻을 가진 4분의 3박자 춤곡으로 빈 사교계에서 크게 인기를 얻으면서 왈츠로 변모했고, 이어 요한 슈트라우스 부자父子에 의해 예술음악으로 승화되었다.

요한 슈트라우스 2세(1825~1899, 오스트리아)의 왈츠는 대체적으로 비슷한 형태를 가지고 있다. 느린 서주introduction로 시작해서 다섯 개의 왈츠가 등장하고 마지막은 코다coda가 마무리를 장식한다.

요한 슈트라우스 2세의 음악은 관중들과 교감하며 연주되는 경우가 많다. 빈의 신년 음악회에서는 전통적으로 〈아름답고 푸른 도나우강〉 왈츠가 연주되고 연주 직전에는 지휘자와 빈 필하모니 단원들이 청중에게 새해 인사를 한다. 또한 그의 아버지 슈트라우스 1세의 곡인 〈라데츠키 행진곡〉이 연주될 때면 청중이 박자에 맞추어 박수를 치는 것도 유명하다. 특히 행진곡의 마지막을 연주할 때는 지휘자도 관현악단이 아닌 청중을 바라보며 지휘하는 것이 관례로 굳어져 있을 정도다.

빈 신년 음악회는 매년 빈 음악협회 황금홀에서 개최된다.

* 악곡이나 악장 중간에 큰 단락이 끝나는 느낌을 강조하기 위해 덧붙이는 악구

오페레타 《박쥐》 서곡

유튜브 검색어 

Johann Strauss II, Operetta Die Fledermaus Overture

'오페레타'는 작은 오페라라는 뜻으로 코믹한 이야기나 쉬운 내용을 다루는 가벼운 희극 오페라를 말한다. 오페레타《박쥐》는 요한 슈트라우스 2세가 프랑스의 연극《한밤의 축제 Le Reveillon》에서 영감을 받아 작곡했다.

《한밤의 축제》를 원작으로 카를 하프너와 리하르트 게네가 독일어로 대본을 썼으며, 1874년 빈 국립극장에서 초연되었다. 귀족들이 부부끼리 서로 속이며 가면무도회에 참석하고 불륜을 저지르는 모습을 그려, 상류사회의 애정 없는 결혼과 졸부 근성을 비웃은 풍자극이다.

아내 로자린데를 속여가며 파티에 참석한 남편 아이젠슈타인 남작, 여주인인 로자린데를 속이고 파티에 참석한 하녀 아델레, 남작부인(로자린데)을 사랑하는 알프레도까지 네 명의 주인공이 등장한다. 마치 모차르트 오페라《피가로의 결혼》에 등장하는 귀족 부부와 그 부부 곁에서 서로 속이고 통쾌해하는 케루비노와 수잔나, 피가로 등의 등장인물을 떠올리게 한다. 마지막에는 서로가 속인 것을 사과하고 용서하며 유쾌한 해피엔딩으로 마무리되기 때문에 신년 음악회의 단골곡으로 연주된다.

제목이 《박쥐》인 것은 남작의 친구인 팔케 박사가 파티에 초대받아 갈 때 박쥐 가면을 썼기 때문이다. 박쥐는 포유류이면서 새처럼 날아다니는 유일한 종이다. 박쥐라는 단어는 여기저기 잇속을 따지며 기회를 포착하는 얄미운 기회주의자를 빗댄 표현에 자주 쓰인다. 어떤 상황에서는 적으로, 또 어떤 상황에서는 동지가 되는 기회주의자 같은 이들이 많았던 당시 귀족의 모습에 딱 어울리는 제목이 아닌가 싶다. 우리에게는 만화 〈톰과 제리〉에서 톰이 등장해 지휘할 때 흐르는 음악으로 친숙하다.

〈톰과 제리〉에서 오페레타 《박쥐》 서곡이 연주되는 장면

fine

2장

엄마의 온기가
그리운 날에는

__인간관계에 대하여

유명한 작곡가더라도
모두가 좋아하는 것은 아니다

인생을 살다 보면 사람 때문에 힘든 날이 있다. 누군가의 말 한 마디로 하루 종일 기분이 나쁘고, 괜스레 소화도 안 되고, 하는 일도 잘 풀리지 않는 그런 날 말이다. 때론 죄 없는 옆 사람에게 나도 모르게 짜증을 내기도 하고, 그런 내 모습이 싫어서 스스로에게 화가 나기도 한다. 그렇게 서로 상처를 주는지도 모르게 상처를 주고, 상처를 받았는지도 모르게 상처를 받고 힘들어한다. 사람마다 느끼는 정도가 모두 다르니 그럴 때마다 나의 마음을 뒤집어 보일 수도, 상대의 마음을 들여다볼 수도 없는 일이다.

시간이 약이라고 이런 답답한 상황도 어느 정도 경험이 쌓이면 너만의 해결책으로 풀어나갈 수 있게 된다. 나이가 들면 좋은 점 중에 하나가 경험이 생긴다는 것이다. 이전에도 그런 사람을 겪어보았으니 예방주사를 맞고 면역을 키웠다고 할 수 있다. 물론 한 번 경험했다고 다시 비슷한 사람을 만나 문제가 생겼을 때 잘 해결한다는 보장은 없지만, 처음보다는 상처를 덜 받는 내성이 생긴 것만은 확실하다. 명심해야 할 것은 너와 관계가 원만하고 부드러운 사람만 만나서는 인생이 발전하지 않는다는 사실이다. 대하기 힘들고 불편한 사람을 통해서 얻는 기술과 깨달음이 훨씬 많다.

처음 클래식 대중강의를 했던 때가 생각난다. 오랫동안 무대에서 혼자 연주하는 것에 익숙했던 터라, 관객과의 소통이 영 낯설고 불편했다. 독백만 하던 배우가 관객과의 대화를 해야 하는 상황이랄까? 지금이야 연예인처럼 무대에서 자기를 보여주는 것이 어렵지 않은, 친화력 좋은 연주자들도 많고 오디션 프로그램이나 유튜브 영상으로 유명해진 젊은 연주자들도 많지만 그때는 그렇지 않았다. 나는 내 스타일을 보여주어야 한다고 생각하면서도 관객의 기대를 무시할 수는 없어서 어색한 유머를 하기도 했다. 말하면서도 무언가 맞지 않은 옷을 입은 것 같아서 이런 말까지 하는 게 맞나 백번도 넘게 생각했던 것 같다.

그렇게 강의를 몇 차례 하고 나서야 결론을 내렸다. 그냥 내 방식대로 하자고 말이다. 대중은 그야말로 불특정 다수이기 때문에 그 안에는 나와 비슷한 것을 좋아하는 사람도 있고, 나의 방식이 취향에 맞지 않는 사람도 있기 마련이다. 물론 내 취향을 좋아하는 대중이 많아서 유명세를 타면 좋겠지만, 그런 일은 억지로가 아니라 자연스럽게 되었을 때 의미가 있는 법이다. 또한 유명세는 시대의 운도 함께해야 한다.

인간관계도 마찬가지다. 너라는 색깔을 잃어버리는 순간 그 자리에 너는 없는 것과 같다. 네가 매 순간 조화롭게 어울리는 색으로 변하지 못할 바에야 너의 색을 고집하는 것이 맞다. 색이 어설프게 섞이면 안 섞이는 것보다 훨씬 못한, 보기에 좋지 않은 색깔이 나온다. 때문에 때론 네가 남의 시선에서 벗어나 자유롭게 배짱을 부렸으면 한다. 모든 사람들에게 호평을 받고 인기를 얻는다는 것은 구름을 잡는 일처럼 허망한 일이기 때문이다.

예술가 대부분은 세간의 평가와 시선에 예민하게 반응했다. 그러나 세상 사람 모두가 자기를 좋아할 순 없다는 진리를 일찍 깨달은 사람도 있다. 바로 작곡가 안토니오 비발디다. 그는 우리에게 《사계》로 널리 알려져 있다. 그뿐 아니라 비발디의 《조화의 영감》이라는 곡은 서울시 지하철 환승음악으로 흘러 우리에게 친숙하다. 그런데 비발디보다 200년 뒤쯤에 태어난 스트라빈스키는 비발디를 두고 "똑같은 곡을 100곡이나 쓴 사람 아니냐?"라고 폄하하기도 했다. 비발디의 반복되는 음악적 선율과 형식을 비꼬아 말한 것일 텐데, 비발디가 음악을 작곡하면서 그것을 몰랐을 리가 없다. 스트라빈스키의 입장에서는 하나도 새로운 것이 없는 지루한 음악이지만, 누군가는 그런 반복 때문에 귀에 잘 들린다며 좋아한다. 비록 비발디가 먼저 죽어서 스트라빈스키의 평을 직접 듣지는 못했지만, 비발디는 아마 그런 악평을 들었더라도 개의치 않았을 성격이다.

비발디가 태어난 베네치아는 원래 사람이 살지 못할 정도로 질척거리는 습지대였는데, 다른 민족의 침략을 받아 피난해 온 이들이 간척해 사람이 살 수 있는 땅으로 만들었다. 처음부터 비옥한 땅이 아니라 만들고 일구어 삶을 심은 것이다. 이런 곳에서 태어난 비발디라 그랬을까? 그는 늘 자기 자신에게 솔직하고 진취적이었다.

그럼 비발디를 폄하했던 스트라빈스키는 모든 사람들이 사랑하는 늘 새로운 음악을 했느냐? 그것도 아니다. 그의 발레음악 〈봄의 제전〉은 1913년 파리에서 처음 무대에 올랐을 때 야만적인 무용과 불협화음으로 객석에서 난동이 일어나 주먹다짐까지 있었다. 하지만 스트라빈스키는 그런 모습을 보고도 공연을 중단시키지 않고 끝까지 마무리했다. 비록 스트라빈스키는 타인에게 냉정한 평가를 했지만, 세상 모두를 만족시키는 음악을 할 수는 없음을 알고 있었던 또 한 명의 인물이 아닐까 싶다.

비발디,
바이올린 협주곡《사계》Op.8 No.1

유튜브 검색어 

Vivaldi, Spring from The Four Seasons Op.8

비발디(1678~1741, 이탈리아) 하면 가장 먼저 떠오르는 곡은 《사계》라고 불리는 바이올린 협주곡집이다. 어려서부터 병약했던 비발디는 사제가 되기 위해 수도원에 들어갔지만, 앓고 있던 천식 때문에 사제 역할을 제대로 할 수 없었다. 그래서 그는 미사를 드리는 사제 대신 '오스페달레 델라 피에타'라는 고아원에서 아이들에게 음악을 가르치는 신부가 된다. 당시 이탈리아에는 갈 곳 없는 어린 고아들을 데려다가 교육을 시키는 곳이 많았는데, 《사계》는 바로 그 아이들을 가르

네 인생에 클래식이 있길 바래

치기 위한 학습용 음악이었다.

《사계》의 원제목은 따로 있다. 바로《화성과 창의의 시도 Op.8》인데 《사계》는 그중 첫 4곡을 일컫는 제목이다. 앞의 4곡이 너무 유명해서 이것들을 따로 발췌해 간단히《사계》로 부르게 되었다.《사계》는 사계절을 나타내는 한 곡 당 3악장으로 구성되어 있다. 비발디 자신이 직접 지은 소네트(시)도《사계》악보에 기록해놓았는데,《사계》중 〈봄〉에 붙어 있는 소네트를 감상해보자.

제1악장 알레그로(빠르게)

따뜻한 봄이 왔다. 작은 새들은 즐겁게 노래를 부르며 봄에게 인사를 하고, 시냇물은 산들바람과 부드럽게 이야기하며 흐른다. 갑자기 하늘에 검은 구름이 몰려와 번개가 소란을 피운다. 어느 덧 구름은 걷히고 다시 아늑한 봄의 분위기 속에 노래가 시작된다.

제2악장 라르고(아주 느리게)

파란 목장에는 따뜻한 봄볕을 받으며 목동들이 졸고 있다. 한가하고 나른한 풍경이다.

제3악장 알레그로 파스트롤레(빠르게 전원 무곡풍으로)

아름다운 물의 요정이 나타나 양치기가 부는 피리소리에 맞추어 해맑은 봄 하늘 아래에서 즐겁게 춤춘다.

《조화의 영감》 Op.3 No.6

유튜브 검색어 

Vivaldi, 12 Concerto in A Minor, Op.3 No.6, L'estro armonico

《조화의 영감》은 모두 12개의 협주곡으로 구성되어 있는데, 이 곡은 작품번호 3번 중 여섯 번째 곡이라는 뜻이다. 이 곡 역시 《사계》와 더불어 비발디의 대표적인 작품으로 손꼽힌다. 비발디의 삶을 다룬 영화 《비발디》의 첫 장면에 바로 《조화의 영감》이 흐른다. 《사계》처럼 이 곡도 원래는 학습용으로 작곡되었지만, 베네치아를 방문하는 국빈들에게 꽤 인기가 많아 널리 알려졌다. 덴마크 프레드릭 4세 앞에서 빨간 머리 사제 비발디와 그의 피에타 고아원 악단들이 음악을 연주하곤 했다.

비발디의 음악을 들을 때마다 사람들은 음악으로 행복해지고 싶어 한다는 것을 느낀다. 유난히 밝고 경쾌한 비발디의 음악을 들을 때면 일상의 소소한 행복을 느낀다는 사람들도 많이 보았다. 얼핏 듣기에 그의 음악은 반복도 많고 단조로운 듯하지만 머리와 심장에 깊숙이 박히는 형언할 수 없는 강한 느낌이 있다. 아마도 비발디가 영감에 이끌려 가장 자기다운 모습으로 작곡했기 때문이 아닌가 싶다.

스트라빈스키, 〈봄의 제전〉

이고르 스트라빈스키(1882~1971, 러시아)는 '현대음악의 차르'라는 별명을 가지고 있는 작곡가로 다양한 방식으로 작곡을 한 것으로 유명하다. 프랑스의 작곡가 올리비에 메시앙이 그를 두고 '1,001개의 스타일을 가진 남자이자 카멜레온 같은 음악인'이라고 평가했을 정도다. 또한 1935년 그가 쓴 자서전에서도 자신의 음악 행보를 이렇게 밝혔다. "나는 과거에 살지도, 미래에 살지도 않는다. 나는 현재에 속할 뿐

● 러시아어로 황제라는 뜻

이다."

1913년, 1차 세계대전(1914)이 발발하기 1년 전에 만든 이 곡은 두 부분으로 나뉜다. 연주 시간은 1부와 2부를 합쳐서 35분가량이다. 〈봄의 제전〉이라는 제목대로라면 봄에 지내는 제사에 쓰이는 음악일 텐데, 신을 위한 음악치고는 상당히 난잡하고 혼란스럽다.

스트라빈스키는 1882년 19세기 후반에 태어나 새로운 세기를 맞이하며 1, 2차 세계대전을 모두 겪었다. 두 번의 큰 전쟁을 겪으며 러시아에서 프랑스로, 미국으로 유랑하며 살았던 삶이지만 89세까지 장수했다. 러시아에서 태어나서 뉴욕에서 죽었지만, 존경했던 발레 제작자 디아길레프가 베네치아에 묻혀 있으니 마지막에는 자기도 그곳에 묻히고 싶다고 유언해 이탈리아 땅에 묻혔다. 음악뿐 아니라 삶의 마지막까지 자기의 소신을 굽히지 않았던 사실을 알 수 있다.

fine

 네 인생에 클래식이 있길 바래

사람 때문에 힘들 땐 오케스트라를

내가 피아노를 사랑한 이유는 연주할 때 피아노와 내가 하나 되는 느낌이 좋았기 때문이다. 피아노는 악기 한 대로 오케스트라 소리를 낼 수 있는 유일한 악기다. 표현할 수 있는 음역이 넓고, 양손이 모두 쓰이기 때문에 반주와 멜로디를 동시에 연주할 수 있다. 또 연주 방법에 따라 다양한 음색을 만들어 여러 악기의 느낌을 표현할 수도 있다. 아쉬운 점은 오케스트라와 함께하지 못한다는 것이다. 간혹 오케스트라곡이어도 피아노를 필요로 하기도 하지만, 대부분의 오케스트라에서 피아노는 제외된다.

독주악기라는 피아노의 특성을 오랫동안 즐기며 연주해온 전공자 중에는 언제 어디서나 중심에 서길 바라는 이들이 있다. 하지만 모두가 주인공이길 바라면 어떻게 세상이 돌아갈까? 다들 같은 목적만 지니고 살면 세상은 멸망에 이를 것이라고 했던 어느 철학자가 생각난다.

나와 같이 피아노를 공부했던 이들 중에는 항상 주목받길 원하는 친구도, 독주가 아닌 실내악이나 성악반주에 힘쓰는 친구도 있었다. 그중에서 사람들과 함께 어울려 연주하는 길을 간 어느 한 친구는 누군가와 함께 무대에 서는 것이 너무 즐겁고 행복하다고 내게 말했다. 지금 그 친구는 해당 분야에서 독보적인 존재로 활동 중임은 물론이다.

어느 특정 분야에서 주인공이 아니라도 우리는 모두 각자의 인생에서 주인공이다. 각자의 다른 쓰임이 분명히 있는데 자기 자리를 찾지 못하고 무조건 중심만 고집하는 일처럼 바보 같은 짓은 없을 것이다. 퍼즐조각이 모두 같은 모양으로 생겼다면 불량품인 것처럼, 각기 다른 모습으로 제자리에서 역할을 다할 때 우리는 빛난다. 결국 삶이란 각자 다른 모양의 퍼즐조각을 하나의 그림으로 맞추며 사는 일이 아닌가 싶다.

나는 음악을 하면서 종종 관계에 대해 떠올린다. 오케스트라는 지휘자 한 명의 힘으로, 뛰어난 단원 몇 명의 재능으로 완성되는 것이 아니듯, 우리 인생도 마찬가지가 아닐까 싶다. 함께 연주한다는 것은 어울리는 연습을 하는 것이고, 상대를 위해 나를 조율하는 것이다. 상대의 소리를 듣지 않고 연주하는 것은 음악이 아닌 각자의 아우성일 뿐이다.

 네 인생에 클래식이 있길 바래

사회생활을 시작하면 네 마음과 같지 않은 사람들을 분명 만나게 될 것이다. 비슷한 생활 반경 내에서, 비슷하게 지내던 이들끼리 교류하다가 완전히 다른 방식으로 사는 사람들과 만나는 순간이다. 직장 상사, 동료, 후배 등을 보면서 왜 저렇게 행동하지? 하고 이해하지 못해 괴로운 날들이 쌓여갈 것이다. 그럴 때 어울림의 음악, 오케스트라를 듣기를 바란다. 오케스트라는 세상에서 가장 규모가 큰 악기라고 한다. 오케스트라를 이루는 구성원의 수만 봐도 적어도 20명에서 많게는 100명에 이르고, 당연히 100명이 넘는 오케스트라도 많다. 그렇게 많은 사람들이 한 명의 지휘자를 중심으로 뭉쳐 있다. 악기도 다르고, 각각 원하는 소리도 다르지만 좋은 음악을 만들겠다는 일념으로 함께하는 것이다.

오케스트라곡 안에는 서로를 위한 배려와 조화가 자연스레 녹아 있다. 하나가 되어 들리는 음악을 찬찬히 살펴보면 그제서야 악기마다 들려주는 다른 소리가 들린다. 모든 악기가 같은 소리만 낸다면 얼마나 재미가 없을까? 다양함과 풍성함이 사라진 음악은 감동도 약할 수밖에 없다. 어떤 부분은 바이올린이 연주해서, 어떤 부분은 비올라가, 어떤 부분은 타악기가 연주해서 각각 미세하면서도 확연하게 다른 소리를 내기 때문에 듣기 좋은 것이 오케스트라 음악이다. 아무리 멋진 바이올린 연주라도 비올라가 내야 할 소리를 바이올린이 대신 하는 것은 충분하지 않다. 자기 자리를 지키면서 아름다운 소리를 내기에 오케스트라가 감동적으로 다가오는 것이다.

뛰어난 오케스트라는 서로의 다름을 인정하고 그 다름을 통해 하나의 음악을 만들어낼줄 안다. 이를테면 오스트리아의 빈 필하모니, 독일의 베를린 필하모니, 네덜란드 콘세르트헤바우 오케스트라, 독일 라이프치히 게반트하우스 오케스트라, 스위스 취리히 톤할레 오케스트라 등이 그렇다. 오랜 역사를 지니고 여전히 건재하며 멋진 하모니를 만들어내는 오케스트라를 보면 그 내부의 희생과 조율을 가늠하게 된다.

철학자 니체는 가장 뛰어난 예술은 아폴론적인 것(합리적, 이성적)과 디오니소스적인 것(감성적, 감각적)이 합쳐진 것이라고 했다. 이성적인 것과 감성적인 것, 혼자인 것과 함께하는 것이 조화롭게 섞일 때 우리는 정반합의 이치에 다다른다. 부디 너의 색깔을 잃지 않으면서도 어디서든 잘 녹아드는 사람이 되었으면 한다. 모임의 중심이 되라는 말이 아니다. 함께 있을 때 타인에게 불편한 존재가 되지 않아야 한다는 뜻이다. 사람들 사이 중심을 잡는 '균형의 지혜'를 오케스트라 음악에서 찾을 수 있을 것이다.

　　네 인생에 클래식이 있길 바래

오케스트라의 뜻

오케스트라^{Orchestra}의 어원은 고대 그리스에서 쓰였던 무대와 객석 사이 연주자들을 위한 공간인 '오르케스트라'에서 찾을 수 있다. 그것이 지금은 연주자 단체를 의미하는 단어로 바뀐 것이다. 오케스트라를 표현하는 다른 단어인 '관현악단'에서 느껴지듯이 오케스트라에는 관악기와 현악기가 중심을 이루고 타악기와 그 외 특별한 악기도 포함되어 있다.

오케스트라 안에서는 악기별로 앉는 위치가 다르다. 사회에서도 직급이나 연차가 높을수록 좋은 자리에 앉듯이, 오케스트라에서도 해당 악기군을 대표하는 수석 연주자가 지휘자 가장 가까이에 앉는다.

훌륭한 오케스트라 연주를 하기 위해서는 지휘자와 함께하는 전체 연습도 중요하지만 각 파트별 연습도 매우 중요하다. 자기 역할에 충실하면서도 튀지 않고 어울려야 하는 것이 오케스트라 연주의 전제이기 때문이다.

한편 오케스트라에서 가장 많은 인원이 현악기 파트의 바이올린을 담당한다. 바이올린은 주로 멜로디를 담당하는 제1바이올린과 제1바이올린을 도와주면서 음악을 풍성하게 만드는 제2바이올린이 있는데, 영화에서 잘나가는 주연뿐만 아니라 주연 옆에서 극을 더 흥미롭게 하는 조연이 있는 것을 떠올리면 이해가 쉽다. 조연이라고 표현했지만 제2바이올린이 역할을 제대로 하지 못하면 제1바이올린의 연주가 빛을 발하지 못하니 중요한 역할을 한다.

관악기는 보통 2관, 3관 편성으로 구성되는데 이것은 목관악기의 개수에 따라 정해진다. 예를 들어 플루트, 오보에, 클라리넷 등의 목관악기 연주자가 두 명이면 2관 편성, 세 명이면 3관 편성이다. 관 편성이 크다는 것은 음악의 규모가 그만큼 크다는 뜻이다. 제1주자가 멜로디를 노래하면 제2, 3주자가 옆에서 화음을 넣거나 멜로디를 이어받아 다른 악기에게 전달하는 역할을 한다. 제1주자의 역할이 매우 중요할 거라는 생각과 다르게 막상 음악을 들어보면 중심 멜로디를 연주하는 것만큼이나 멜로디를 연결해주고 풍성하게 만들어주는 제2, 3주자의 역할이 상당하다. 호흡을 불어넣어 연주하는 관악기 연주자들은 숨을 쉴 순간이 필요하기 때문에도 혼자서는 전체 연주를 하기 어려운 것도 그 이유다.

 네 인생에 클래식이 있길 바래

베토벤,
교향곡 5번 다단조 Op.67 〈운명〉

유튜브 검색어 

Beethoven, Symphony No.5 C minor Op.67

한국인에게 가장 사랑받는 오케스트라곡이라고 하면 베토벤의 곡이 떠오른다. "빠빠빠빰~" 단 네 음만 들었을 뿐인데 곡의 전부를 느끼게 하는, 세상에서 가장 유명한 네 음이 있는 베토벤의 교향곡 5번 〈운명〉이다.

이 곡의 제목인 〈운명〉은 베토벤이 직접 붙인 것이 아니다. 그의 제자이자 친구인 안톤 쉰들러가 1악장 서두의 주제가 무슨 뜻이냐고 물었더니 베토벤이 "운명은 이와 같이 문을 두들긴다"라고 한 것에서 유래된 제목이다. 쉰들러가 마케팅 차원에서 붙인 것이라고 하는데 〈운명〉이라는 별칭은 다른 나라에서는 불리지 않고, 일본과 우리나라에서만 주로 불린다.

교향곡 5번은 1808년, 베토벤이 38세 때 완성했다. 이때 베토벤은 불우한 가정환경과 귀가 들리지 않는 신체적 결함 등 자신의 운명을 탓하며 하일리겐슈타트에 가서 자살을 결심하고 유서를 썼다. 하지만 결국 그런 잔혹한 운명도 받아

들였고 이후에 빈의 파스콸라티 하우스˙에서 이 곡을 작곡했다. 다양한 관현악기가 어울려 웅장한 소리를 내는 이 곡을 듣다 보면 좁고 추운 방에서 자살을 결심한 젊은 청년 베토벤이 떠올라 가슴이 아리다. 폭풍과도 같은 방황 끝에 천금 같은 신의 뜻을 받아들이는 듯한 베토벤의 심경이 잘 녹아 있다.

˙ 파스콸라티는 이 집의 주인 이름으로 이사가 잦았던 베토벤이 가장 오래 살았던 곳이다. 지금은 베토벤 기념관으로 쓰이며 관광객들의 발길이 끊이지 않는 곳이다.

fine

 네 인생에 클래식이 있길 바래

클래식은 나쁜 감정을 무디게 해준다

우리가 살면서 느끼는 감정은 크게 즐거운 감정과 불쾌한 감정이 있다. 선한 감정과 악한 감정이라고도 표현할 수 있겠다. 대게 사람은 선한 감정보다 악한 감정에 더 민감하게 반응하고 영향을 받는다. 화나고, 귀찮고, 열 받고, 짜증 나고, 괘씸하고, 분하고, 억울하고, 증오하고, 걱정하고, 두렵고, 불안하고, 질투 나고, 초조하고……. 이렇게도 수많은 단어로 표현되는 악한 감정은 결국 우리 자신을 갉아먹는다는 것이 문제다.

악한 감정이 생기는 순간에는 화가 나서 모든 것을 무너뜨리고 싶고, 상대도 나도 망가지는 것밖에는 답이 없는 것 같지만, 지나고 나서 보면 화를 잘 다스리고 후회하지 않는 결과를 내는 것이 진정으로 이기는 것임을 깨닫곤 한다. 인간이 사는 동안 매 순간 즐거운 감정만 느끼면 좋겠지만, 우리 삶이 어디 그렇던가. 인생은 언제나 양면이 존재하는 법이다. 우리가 만나는 사람도 마찬가지로 나를 기쁘게 하는 좋은 사람이 있는 반면 "어쩌면 인간이 저럴 수가 있을까" 하며 혀를 내두르게 하는 사람도 있다. 그럴 때마다 선과 악은 사회를 구성하는 필수 단위라고 생각하면 마음이 편하다. 세상을 있는 그대로 받아들이면서 악인(나와 맞지 않은 사람)을 피해가고 나쁜 감정을 다스려 내가 하는 일에 집중하는 게 길게 보면 훨씬 이득인 것이다. 무엇보다 나쁜 감정이 생기면 스스로가 무척 괴롭다. 나쁜 감정은 에너지를 많이 소모해 우리를 정신적으로나 육체적으로 병들게 한다. 그러니 나쁜 감정을 처리하는 방법을 제대로 익히는 것이 중요하다.

이렇게 생각해보자. 누군가로부터 상처 주는 말을 들었을 때 너는 분해서 밤새 끙끙 앓을 수도 있다. 그 말을 '쓰레기'라고 생각해보면 어떨까? 비록 쓰레기를 준 사람은 상대이지만 그것을 계속 들여다보고 꺼내 보며 가지고 있는 사람은 바로 너다. 쓰레기통에 던져 버리면 그만인 감정으로 너 스스로를 괴롭히지 말았으면 한다.

이때 나쁜 감정을 쓰레기통에 버리게 해주는 것이 바로 음악이다. 음악을 들으면 감정이 정화되기도 하고 증폭되기도 하는데, 네가 어떤 음악을 들었을 때 마음속 찌꺼기가 씻겨나가듯 개운해지는지 미리 파악해두면 좋다. 물론 기분전환을 위해 여행을 갈 수도 있고, 친한 친구를 만나 대화를 할 수도 있으며, 좋은 음식을 먹거나, 갖고 싶었던 물건을 살 수도 있다. 하지만 이런 일들은 꽤 많은 시간과 돈을 필요로 한다. 반면 음악을 듣는 행위는 시간과 공간의 제약이 없다. 언제 어디서든 할 수 있는 일이니 욱하는 감정이 올라올 때마다 긴급 처방도 가능하다.

화가 날 때 어떤 음악을 들으면 좋을까? 웅장하고 환희에 찬 음악을 들으며 카타르시스를 느끼는 것이 좋을까 아니면 차분한 음악으로 마음을 가라앉히는 것이 좋을까? 아마 외향적인 사람과 내향적인 사람, 큰 소리를 좋아하는 사람과 조용한 소리를 좋아하는 사람에 따라 도움이 되는 음악이 각각 다를 것이다. 취향은 변할 수 있는 것이니 때에 따라 다른 음악이 너를 위로하기도 할 것이다. 다만 나는 너에게 화를 다스리는 좋은 방법으로 '죽음'을 모티브로 한 음악 듣기를 권한다. 한치 앞의 미래도 알 수 없는 인생에서 유일하게 확실한 미래는 죽는다는 사실이다. 주체할 수 없는 화와 짜증으로 감정 컨트롤이 쉽지 않을 때, 네가 당장 내일 죽는다고 생각해보아라. 지금 느끼는 감정이 얼마나 부질없는 일인지 깨닫게 될 것이다. 나쁜 감정에 매여 시간과 체력을 낭비하는 것이 너무나 어리석은 일처럼 느껴질 것이다.

나도 젊었을 때는 나쁜 감정을 다스리는 일이 쉽지만은 않았다. 인생의 가장 역동적인 시기를 보내는 청춘에는 죽음을 생각하는 것 자체가 어불성설처럼 느껴지기도 했다. 그런 내가 죽음을 떠올리는 습관을 가질 수 있었던 계기는 모리 슈워츠가 쓴 『모리와 함께한 화요일』을 읽고 나서였다. 루게릭병에 걸려 죽음을 앞두고 있는 모리 교수가 제자 미치 앨봄과 함께 나눈 이야기를 기록한 책이다. 모리 교수는 삶과 죽음은 늘 동전의 앞뒷면처럼 하나라고 말했는데, 그 말이 내게 인생의 본질을 깨닫게 해주었다. 언젠가 내가 반드시 죽는다는 사실을 망각하지 않으려고 노력한다. 메멘토 모리Memento mori, 즉 '너는 반드시 죽는다는 것을 기억하라'는 뜻의 라틴어는 율리우스 카이사르 황제가 원정에서 승리하고 로마에 입성해 행진을 할 때 행렬 뒤에서 큰 소리로 외쳐졌다고 한다. 전쟁에서 승리했다고 너무 우쭐대지 말고 경각심을 갖고 겸손하게 행동하라는 의미에서 외치는 풍습이다. 메멘토 모리라는 경구처럼 죽음을 떠올리게 해주는 음악은 여럿 있다. 베를리오즈의 《환상 교향곡》, 리스트의 〈죽음의 춤〉, 차이콥스키의 〈만프레드 교향곡〉이 그것이다. 죽음의 선율에 평생 사로잡혔던 **라흐마니노프의 피아노 협주곡 1번**도 빼놓을 수 없다.

프랑스 작곡가 베를리오즈(1803~1869)의 《환상 교향곡》은 자신의 사랑 이야기가 재현되는 곡으로, 그 누구도 행복하지 않고 결국 죽음이라는 비극적 결말을 맞게 되는 것이 내용상 특징이다. 소설 같은 아니 소설보다 훨씬 더 극적인 내용을 담은, 제목 그대로 베를리오즈가 품은 미친 사랑의 광기가 만들어낸 걸작이다. 첫 공연은 베를리오즈가 27세인 1830년, 파리 음악

　　　　네 인생에 클래식이 있길 바래

원에서 했다. 베를리오즈는 쇼팽, 리스트와 함께 파리에서 활동했다. 그는 작곡가 이전에 의학을 공부했고 문학을 좋아했다. 어느 날 우연히 보게 된 셰익스피어 연극《햄릿》에서 오필리어를 연기했던 아일랜드 출신 여배우 해리엇 스미드슨에게 사랑에 빠져 짝사랑을 시작하게 된다. 이 짝사랑은 정도가 심해져서 한동안 거의 상사병 수준에 달했다. 해리엇이 머무는 아파트 근처에 숙소를 잡고 그녀의 일거수일투족을 지켜볼 정도였다. 베를리오즈는 이때의 경험을 바탕으로 1828년부터《환상 교향곡》작곡을 시작했다.

《환상 교향곡》에는 실연을 당한 한 청년 예술가가 아편으로 음독자살을 시도했는데, 복용량이 적어 혼수상태에 빠져 다양한 환상을 보는 이야기가 담겨 있다. 〈꿈〉, 〈**정열**〉, 〈**무도회**〉, 〈**전원풍경**〉, 〈**단두대로의 행진**〉, 〈**마녀들의 밤의 축제와 꿈**〉이라는 제목의 5악장으로 구성되어 있다. 2악장 〈무도회〉에는 긴장감이 감도는 현악기와 하프의 연주가 등장하고 이어서 우아하고 경쾌한 왈츠가 흐른다. 음악만 듣는다면 한없이 아름답고 좋은 시절에 두 연인이 춤추는 것 같지만, 베를리오즈의 설명에 따르면 음악 속의 주인공이 무도회의 사람들 속에서 사랑하는 여인을 찾아 이리저리 헤매는 장면을 묘사한 것이다. 4악장 〈단두대로의 행진〉에서는 주인공이 환각 속에서 여인을 죽이고, 자신은 살인죄로 단두대로 향하는 모습을 그렸다. 단두대의 칼날이 자신의 목을 치는 장면도 역시 환각이다. 5악장 〈마녀들의 밤의 축제와 꿈〉에서는 주인공의 장례식에 모여든 마녀들이 소름끼치는 춤을 추는데, 이때 사랑했던 여인마저도 마녀처럼 나온다. 중간에 등장하는 장례식의 종소리, 저음 목관악기 바순과 저음 관악기 튜바가 〈진노의 날Dies Irae〉을 연주하는 부분은 이 곡의 특징이다. 괴테의 『파우스트』에서 영향을 받은 악장으로 알려져 있다. 무서운 분위기를 조성하는 곡의 특성 때문에 줄리아 로버츠 주연의 영화 《적과의 동침》에서도 편집증 남편이 등장할 때마다 이 음악이 흘렀다.

베를리오즈는 이 곡에 '고정 악상idée fixe', 즉 고정된 관념을 나타내는 선율을 사용했다. 이는 특정 인물을 묘사하는 방식으로 듣는 이는 멜로디를 듣는 것만으로도 다음 등장인물을 알아챌 수 있다. 베를리오즈는 꿈에서도 잊지 못하는 사랑하는 여인 해리엇 스미드슨을 상징하는 고정 선율을 만들어 각 악장마다 알맞게 배치했다. 이 기법은 후에 교향시를 만든 리스트나 음악극의 제왕 바그너와 같은 작곡가들에게도 큰 영향을 주었다.

죽음을 소재로 작곡된 음악에는 리스트의 〈죽음의 춤Totentanz〉과 생상스의 〈죽음의 무도Danse Macabre〉도 있다. 생상스의 〈죽음의 무도〉는 김연아 선수가 피겨스케이트 경기에서 사용하면서 더 유명해졌다. 1874년 생상스는 시인 앙리 카잘리스의 시를 바탕으로 단악장 형식의 교향시를 작곡했는데 네 개의 교향시 중 〈죽음의 무도〉가 가장 유명하다. 죽음에 관한 음악이라고 하면 공포스럽고 무겁고 어두운 것이라 상상되지만 전염병이 창

  네 인생에 클래식이 있길 바래

궐했던 중세에는 모두가 두려움을 극복하고자 역설적으로 죽음을 경쾌하게 받아들이려고 애썼기에 그 노력이 〈죽음의 무도〉에 남아 있다. 처음에 하프가 12번의 종소리를 튕기면 연이어 바이올린 멜로디가 연주된다. 플루트와 오보에 등의 목관악기가 리드하고 트라이앵글과 실로폰 소리에 맞춰 해골들이 신나게 춤을 춘다. 그러다가 오보에가 수탉의 새벽을 알리면 해골들은 춤을 멈추고 급하게 무덤으로 들어가는 구성이다. 카잘리스의 "이제 그만! 춤을 멈추고 사라져라. 방금 새벽닭이 울었다"라는 마지막 싯구와 정확히 일치한다.

이외에도 죽음에 관한 음악으로는 천주교에서 죽은 자를 위한 미사에 쓰이는 레퀴엠을 작곡한 베르디의 작품을 추천한다. TV 예능프로그램에서 출연자들이 불운에 빠질 때 배경음악으로 깔리곤 해서 들어보면 귀에 익숙할 것이다. 익숙한 클래식으로 듣기를 시작하는 것은 앞서 이야기했듯이 클래식과 금세 친숙해질 수 있는 좋은 방법이다.

 베를리오즈, 《환상교향곡》 Op.14 5악장
〈마녀들의 밤의 축제와 꿈〉

 생상스,
〈죽음의 무도〉

베르디,
《레퀴엠》 중 〈진노의 날〉

유튜브 검색어
Verdi, Requiem Dies Irae

《레퀴엠》 중 〈리베라 메〉

유튜브 검색어
Verdi, Requiem Libera Me

주세페 베르디(1813~1901, 이탈리아)는 오페라 《아이다》를 만든 독보적인 작곡가다. 하지만 그의 음악 인생이 출발부터 순탄했던 것은 아니다. 그는 음악적 재능이 뛰어났지만 가난

때문에 음악을 공부할 수 없었고, 나중에 부유한 상인 바레치의 도움을 받아 밀라노로 유학을 가서도 밀라노 음악원 입학에 실패하기도 했다. 나중에 바레치의 딸 마르게리타와 결혼을 하고 인생이 좀 편해지나 싶었는데 자식들이 차례로 죽고, 부인 마르게리타마저 27세의 젊은 나이로 죽는다. 그는 가족들의 잇단 죽음으로 슬픔에 빠져 오페라 작곡마저 포기했다가 친구들의 격려로 다시 작업을 시작했다. 그가 어려운 시기를 지나고 나서 만든 작품, 오페라 《나부코》가 흥행에 성공하면서 그에게 새로운 인생이 열렸다.

음악계에서 입지가 확고해진 뒤부터 베르디는 자신이 원하는 가격으로 작품을 흥정할 수 있었다. 이탈리아 최대의 출판업자인 리코르디가 베르디를 위해 전격적인 후원을 하는 등의 운도 따라주었다.

한편 베르디는 남들이 지독하다고 말할 정도로 악착같이 돈을 모은 것으로도 유명하다. 베르디는 죽을 때 어마어마한 액수의 유산을 남겼는데 대부분을 자선단체, 병원, 장학재단 등에 내놓았고, 저작권 수입 전액은 밀라노에 지은 '음악가 휴식의 집'에 쓰도록 했다.

61세의 베르디가 작곡한 《레퀴엠》은 크게는 총 일곱 부분으로 나뉜다. 두 번째 부분인 〈진노의 날〉에는 아홉 곡의 세퀜티아가 함께 수록되어 있어 총 10곡으로 구성되어 있다. '레퀴엠'은 죽은 사람의 영혼을 위로하기 위한 미사에 쓰이는 곡을 뜻하는데 때문에 가톨릭 전례*를 알고 들으면 이해가 잘될 것이다. 〈진노의 날〉은 다음과 같은 가사로 합창된다.

진노의 날, 바로 그 날 Dies iræ, dies illa

온 천지가 재가 되는 날 solvet sæclum in favilla

다윗과 시빌라가 심판받는 날 Teste David cum Sibylla

얼마나 두려울지! Quantus tremor est futurus

심판자를 맞닥뜨릴 그때 quando judex est venturus

모든 행동을 심판하리라 cuncta stricte discussurus

자다가도 벌떡 일어나서 잘못을 빌게 만드는, 죄가 없는 사람도 괜히 반성을 하게 만드는 그런 강렬한 멜로디다. 안식을 기원하는 《레퀴엠》이라고 잔잔하고 조용할 줄만 알고 들었다간 크게 놀란다. 어릴 때 이 곡을 들으면 영화에서 봤던 저승사자가 나타날 것 같은 무서움에 동생을 꽉 껴안고 울었던 기억이 있다. 절 입구에 칼을 들고 떡하니 서 있는 사천왕의 큰 눈과 위협적인 모습이 연상되기도 한다. 죄가 없는 어린아이도 음악을 들으면 부들부들 떨 정도니, 당시 죄인들은 이 음악에 간담이 서늘했을 법도 하다.

지휘자의 손에 있는 지휘봉이 마치 판결을 내리는 판결봉처럼 단호히 내리꽂힐 때는, 무대에 있는 모든 연주자가 동시에 작심한 듯 강렬하게 4분 음표로 네 번 탕! 탕! 탕! 탕! 하고 연주한다. 마치 총으로 누군가를 응징하는 장면이 연상된다. 플루트 세 대와 오보에 두 대, 클라리넷 두 대, 바순 네 대, 호른 네 대, 자그만치 트럼펫 여덟 대(네 대는 무대 바깥에서 연주), 트럼본 3대부터 오피클레이드(튜바와 비슷한 악기), 팀파니, 큰북, 제1바이올린, 제2바이올린, 비올라, 첼로에 베이스, 소프라노, 메조소프라노, 테너, 합창단까지 기악과 성악이 동시에 총출동한다. 그렇지 않아도 규모 면에서도 절대 뒤처지지 않는 볼륨감인데, 목관악기와 금관악기가 쓰나미처럼 몰아닥친 후 성악이 "디에스 이레!"까지 외치면 "자! 죄인은 이제 벌을 달게 받으라!" 하고 하늘에서 천둥 번개를 내리치며 심판할 것만 같다. 주 멜로디가 반음씩 상승해서 놀라는 모습처럼 들리는 연주 또한 긴장감을 고조시킨다.

나는 이 음악을 들을 때면 화가 한스 멤링(1430~1494, 독일)의 작품 〈최후의 심판〉이 머릿속에 떠오르며, 착하게 살겠노라고 나도 모르게 기도를 하게 된다. 지금으로부터 거의 150년 전 1874년에 베네치아의 산 마르코 성당이 120명

한스 멤링의 〈최후의 심판〉

의 합창과 100명의 오케스트라 연주로 가득 찼다고 생각하니 온몸에 전율이 흐른다. 합창단과 오케스트라 단원 중에서도 도둑이 제 발 저리듯 떨고 있는 사람이 있지 않았을까 하는 엉뚱한 상상도 해본다.

《레퀴엠》이라는 제목은 처음에 흐르는 가사가 '영원한 안식을'이라는 뜻의 'Requiem Aeternam 레퀴엠 아이테르남'으로 시작되기 때문에 붙여졌다. 노래를 잘 들어보면 '레퀴엠'이라는 단어가 들린다.

● 보통 유명 아리아의 제목도 첫 가사에서 따온다. 이를테면 헨델의 오페라 《리날도》에 흐르는 〈울게 하소서 Lascia ch'io pianga〉가 그렇다.

　　　　　네 인생에 클래식이 있길 바래

미사^{Misssa}*에서는 음악이 아주 중요한 역할을 한다. 미사를 보면 전례에 맞추어 성가대가 부르는 노래가 다른 것을 알 수 있다. 사제가 입당할 때 부르는 노래인 입당송, 자비송^{Kyrie}, 대영광송^{Gloria}, 사도신경^{Credo}, 거룩하시도다^{Sanctus-Benedictus}, 하느님의 어린 양^{Agnus Dei} 등이 있다. 일반 미사에서는 입당과 퇴장 성가를 제외하고는 이와 같이 5곡만 부른다. 특별한 경우에는 상황에 맞추어 곡을 추가하거나 제외시키는데, 《레퀴엠》은 대영광송과 사도신경을 제외하고** 작곡가의 음악적 의도에 따라 〈부속가^{Sequentia}〉, 〈리베라 메^{Libera me}〉, 〈인 파라디숨^{In paradisium}〉을 추가하곤 한다. 부속가는 덧붙여 부르는 노래를 말한다.

처음 《레퀴엠》은 하나의 선율로 이루어진 단성부의 그레고리안 성가였는데, 점차 여러 개의 선율이 어우러진 다성부의 곡으로 변했고, 합창과 관현악으로 이루어진 대규모 편성의 곡으로도 작곡되었다. 대개는 라틴어 전례문을 가사로 쓰지만 브람스의 〈독일 레퀴엠〉과 같은 경우는 루터의 독일어 성서에서 가사를 발췌하기도 했다. 현대에 들어서는 《레퀴엠》의 전례문 대신 시인의 시를 바탕으로 작곡되기도 한다.

* 라틴어로 '보냄', '파견'이라는 뜻과 함께 다양한 의미가 있지만, 주로 성찬례를 뜻한다.
** 사람이 죽어서 지내는 미사이기에 분위기상 제외

《레퀴엠》을 작곡한 유명 작곡가로는 모차르트, 베를리오즈, 베르디, 포레, 브람스, 드보르자크, 생상스, 브루크너 등이 있고, 현대 작곡가로는 파울 힌데미트와 벤저민 브리튼, 리게티 죄르지 등이 있다. 뮤지컬 작곡가로 유명한 앤드루 로이드 웨버도 전통적 형식의《레퀴엠》을 작곡했다.

베르디가 처음《레퀴엠》을 구상한 것은 1868년 이탈리아 작곡가 조아키노 로시니의 죽음을 기리기 위해서였다. 12명의 작곡가가 참여한 이 프로젝트에서 베르디는《레퀴엠》의 마지막 악곡 〈리베라 메〉의 작곡을 담당했는데, 여러 문제로 끝내 프로젝트가 무산되었다. 그 후 책장 속에 잠들어 있던 〈리베라 메〉는 이탈리아의 대문호 알렉산드로 만초니(1785~1873)의 죽음을 계기로 다시 작업에 돌입해 초연하게 된다. 〈리베라 메〉는 '나를 구원하소서'라는 뜻의 라틴어로 초연 당시에는 너무 드라마틱한 내용 때문에 종교곡을 빙자한 오페라라는 혹평을 받기도 했지만, 오늘날에는 걸작으로 평가받고 있다.

fine

 네 인생에 클래식이 있길 바래

내가 너를 품었을 때 들었던 음악

음악이 너를 나쁜 감정에서 구해줄 거라고 했던 말은 사실은 나 자신에게 하는 말이기도 하다. 나는 불편하고 불안한 감정이 들 때 내게 안정제와도 같은 음악을 듣곤 한다. 바로 너를 임신했을 때 가장 많이 들었던 바흐의 〈G선상의 아리아〉다. 바흐를 무척 좋아한 나머지 나는 바흐가 인생의 말년에 27년 동안 일했다는 라이프치히에 가서 공부를 하기도 했다. 덕후 기질을 유감없이 발휘한 것이다.

늦은 나이에 결혼을 하고 너를 품어 걱정이 내내 많았었다. 특히 임신 36주가 다가오자 더 급격하게 마음이 불안해졌었다. 임신 초기의 설렘은 사라지고 제발 건강하게, 무탈하게 태어나길 바라면서 시간을 보냈던 기억이 생생하다. 평상시에는 스스로 대범하다고 생각했지만 너의 탄생을 앞두고는 어찌나 두렵던지. 온갖 망상에 사로잡혀 혼자 집 안 소파에 앉아 하염없이 운 적도 많다. 그때 일찍 퇴근한 네 아빠가 나를 발견하고는 물끄러미 바라보더니 옆에 다가와 노래를 불러주었다. 그 곡이 바로 〈G선상의 아리아〉다. 네 아빠는 당시에 클래식을 많이 아는 편은 아니었다. 그런데 웬일로 바흐의 곡이라니, 의아한 마음에 물었더니 아빠는 이렇게 말했다. "난 이상하게 이 노래를 들으면 마음이 편안해지더라. 클래식은 어려워서 부담스러운데, 처음 좋아한 곡이 이 곡이야. 당신이 권해준 곡이기도 하고. 난 아이가 무엇보다 마음이 편안한 사람이 되었으면 해."

바흐의 〈G선상의 아리아〉와 관련해서는 이런 일화도 있다. 언젠가 중학교에 클래식 강의를 하러 갔을 때였다. 강의 초반부터 집중도 안 하고 엎드려 자기만 했던 한 친구가 바흐의 〈G선상의 아리아〉를 듣고는 벌떡 일어나서 큰 박수를 친 것이다. 이 곡을 아느냐고 물었더니 학교 화장실에서 자주 들었는데, 본인은 이 곡만 들으면 마음이 편안해져서 배변에 성공한다고 해서 모두 다 함께 크게 웃은 적이 있다. 또한 6.25전쟁 때 지옥 같던 피난 열차 속에서 이 음악이 흐르니 사람들이 모두 조용해졌더라는 이야기도 전해진다.

바흐의 음악은 정화와 치유의 기능이 있어서 듣고 있다 보면 마음의 번뇌가 사라졌다. 네가 배 속에 있다는 것을 처음 알았던 날도, 그 이후에 요동치는 마음을 가라앉힐 때도 들었다. 바

   네 인생에 클래식이 있길 바래

흐를 듣는 순간에는 잔잔한 물결처럼 마음이 한없이 편안해졌기에 내 마음이 편하면 너도 마음이 편한 사람이 될 거라고 믿을 수 있었다. 나를 담당했던 산부인과 의사 선생님도 그랬다. "엄마가 불안하고 예민하면 아기도 그 감정을 다 느껴요. 엄마가 마음을 편히 가져보세요." 태아는 20주째부터 모든 소리를 들을 수 있다고 한다. 청각 기능은 태아의 신체 감각 중 가장 먼저 발달하는 감각으로 좋은 소리를 듣는 것만으로도 태아의 대뇌피질은 발달한다. 특히 바흐의 음악처럼 느린 곡을 들으면 뇌에서 알파파가 나타나는데, 알파파는 태아의 뇌 발달에 좋은 영향을 끼친다고 한다.

음악사에서는 바흐를 '서양음악의 아버지'라고 부른다. 다작을 하며 클래식의 전반적인 기틀을 확립했기에 그런 별칭이 붙었다. 바흐는 음악에서만 아버지가 아니라 실제로도 자식을 둔 부모였다. 그런데 바흐는 자식이 한 둘도 아니고 무려 20명이 있었다. 음악만 다작을 한 것이 아니라 자식 농사에도 다작을 했던 사람인 것이다.

바흐는 독실한 기독교인으로 평생을 교회에서 활동했다. 말년에는 독일 라이프치히 토마스 교회에서 음악감독으로 봉직하면서 1,080개가 넘는 음악을 작곡했다. 그는 자식이 한 명 한 명 태어날 때마다 그 아이를 위해 작곡했고 또한 아이들을 가르치기 위한 용도로도 수많은 곡을 작곡했다. 바흐야말로 음악으로 태교를 제대로 한 사람이 아닐까?

우리가 〈G선상의 아리아〉를 접했던 경험이나 듣고 난 느낌은 모두 조금씩 다르지만 한 가지 확실한 것은 바흐의 음악이 우리에게 커다란 안심과 위로를 전한다는 것이다. 살다 보면 이유도 모른 채 사는 게 힘든 날이 너에게도 있을 것이다. 내가 품을 내어주고 싶지만 다 컸다는 이유로 속마음을 털어놓지 못할 때도 있겠다는 생각도 든다. 그땐 바흐의 음악을 들어보아라. 내가 너를 배 속에 품었을 때 많이 들었던 음악이 필시 너의 추운 마음을 따뜻하게 데워줄 것이라 믿는다.

 네 인생에 클래식이 있길 바래

바흐,
관현악 모음곡 3번 라장조
BWV.1068 중 〈아리아〉

유튜브 검색어 

Bach, Orchestral Suite No.3 in D Major, BWV.1068 II. Air

바흐(1685~1750, 독일)는 열 살이 되기 전 양쪽 부모를 모두 잃었다. 아무리 옛날이라지만 일찌감치 부모를 잃은 일이 아무렇지 않았을 리 없다. 그가 경험했던 상실은 그에게 성실이라는 선물을 가져다주었다. 인간은 무언가 부족하면 메우기 위해 노력한다. 부족했고 갖지 못한 것일수록 채우고 싶고 갖고 싶은 간절함을 낳는 법이다.

바흐는 남들이 웬만해선 해내지 못할 만큼의 방대한 작품을 남겼다. 그의 24시간은 항상 계획적이었다. 일분일초를 아껴가며 시간을 촘촘하게 썼다. 한 도시의 음악 행사를 죄다 도맡아 하면서도 음악감독으로, 합창단의 지휘자로, 오르간 연주자로, 더불어 오르간 악기수리자로서의 역할을 해냈다. 뿐만 아니라 집안에서는 20명의 아이들을 키우는 아버지 노릇까지 했다. 직장에서의 일이 버거우면 집안에서는 손가락을 꼼짝도 하고 싶지 않은 것이 보통의 경우지만, 바흐는 여느 아버지와 달랐다. 그의 성실함은 양적 결과물뿐 아니라 장르의 다양성에서도 나타난다. 또한 전체적으로 곡의 길이가 상당히 긴 것과 곡마다의 완성도가 일정 수준 이상으로 높은 것을 봐도 증명된다.

바흐는 쾨텐에서의 편안한 삶을 포기하고, 1723년 5월 자식들의 교육을 위해 라이프치히로 직장을 옮긴다. 그때 바흐가 라이프치히 성 토마스 교회 음악감독직을 수락하며 작성했던 근로계약서를 보면, 웬만큼 성실하지 않고서는 지킬 수 없는 내용이 많다. 이를테면 '나는 시장의 허가 없이는 도시를 이탈하지 않을 것입니다', '나는 학생들에게 노래와 악기를 열심히 배우게 하여 교회가 불필요하게 별도의 지출을 하는 일이 없도록 할 것입니다' 등의 조항으로 의무를 강조하는 것들이 대부분이다.

〈G선상의 아리아〉의 원제는 관현악 모음곡 3번이다. 모

　　　　네 인생에 클래식이 있길 바래

음곡Suite은 말 그대로 여러 종류의 곡들을 한 곡 안에 모아놓은 작품을 뜻하는데, 바흐가 살았던 시대에는 모음곡 장르가 유행했다. 〈G선상의 아리아〉는 독일의 바이올리니스트 빌헬미(1845~1908)가 관현악 모음곡 3번 중에서 두 번째 곡인 〈아리아〉만 발췌해서 바이올린의 가장 낮은 음역대를 연주하는 G선 위에서 연주할 수 있게 편곡한 것이다. 여기서 아리아Aria는 영어로 'air'라고도 하며 아름다운 선율이 있는 노래를 일컫는다.

〈G선상의 아리아〉는 바흐의 원곡인 관현악 버전으로 들어도 좋고, 편곡된 독주 바이올린 버전으로 들어도 좋다. 음악은 걸음걸이와 같은 속도일 때 가장 듣기 편하다. 호흡을 깊게 들이마시고 내쉬는 명상을 하면서 이 곡을 듣는다면 가장 훌륭하게 감상할 수 있을 것이다.

fine

자존감이 바닥을 치고 자신이 없을 때

말러

"중요한 것은 사람들의 말에 휘둘리지 않는 것이다. 실패로 좌절하거나 세상의 칭찬에 으쓱해져 한눈팔지 말고 흔들림 없이, 단호하게 자신의 길을 가라."

뚝심의 작곡가로 알려진 구스타프 말러(1860~1911, 오스트리아)가 한 말이다. 말러의 인생은 대체로 불행했다. 그는 강압적이고 고집불통인 아버지와 병약하고 무능했던 어머니 밑에서 태어났다. 유대인으로 태어났으나 이곳저곳을 옮겨 다니며 살아 늘 이방인 취급을 받았다. 출생에 대해 말러는 "나는 삼중으로 고향이 없다. 오스트리아 안에서는 보헤미아인으로, 독일인 중에서는 오스트리아인으로, 세계 안에서는 유대인으로 어디에서도 이방인이고 환영받지 못한다"라고 말하기도 했다. 그리고 1889년 말러는 큰 충격에 휩싸인다. 자신을 지탱하고 있던 유일한 소속인 부모마저 잃은 것이다. 그해 2월 아버지가 죽고, 같은 해 9월 어머니가 세상을 떠났다. 작곡가로서 성공하고 싶었지만 입지가 불안정해서 지휘를 하면서 생계를 이어나가야 했고, 이리저리 전전긍긍하며 계약직으로 일했다. 말러는 1890년대 중반이 되어서야 안정적인 음악가로 생활하는데, 당시 35세였다. 생활이 어느 정도 좋아지나 싶으니까 1895년 음악적 동료 역할을 하던 동생 오토가 자살로 세상을 떠난다. 그간 큰형과 또 다른 동생 에른스트도, 부모님도 떠나보냈는데 동생 오토마저 세상을 떠난 것이다. 그를 둘러싼 죽음이라는 숙명은 여기서 끝나지 않는다. 말러는 1902년 42세의 늦은 나이에 알마와 결혼하는데, 첫째 딸 마리아 안나가 성홍열로 다섯 살에 죽는다.

깊은 슬픔에 잠겼지만 그럼에도 불구하고 말러는 자신의 운명을 한탄하거나 비관하지 않았다. 그는 늘 "언젠가 나의 시대가 올 것이다"라고 말하곤 했다. 인생 유전이 심했지만 그 속에서도 삶을 지속해나가는 힘을 단단히 지켰다. 자신을 잃지 않았고, 살아야 할 이유를 밖에서 찾지 않고 자기 안에서 찾았다. 그것이 말러가 지닌 저력이었다. 말러는 한번도 자신의 시대가 오지 않을 거라고, 아니 오지 못할 거라고 생각한 적이 없었다. 사람들에게 인정받지 못하는 자신의 처지를 슬퍼하고 창피해하기보다 당당하게 살려고 노력했다.

말러 교향곡 2번 〈부활〉 5악장 합창 부분의 가사를 읊조리다보면 그 어느 때보다 나를 믿고 앞으로 나아가야겠다는 생각을 하게 된다. 말러는 자신이 아버지처럼 믿고 따랐던 한스 폰 뷜로(1830~1894, 19세기 최고의 지휘자)의 장례식장에서 우연히 들은 시 〈부활〉에서 영감을 받아 5악장의 가사로 사용했다. 가사의 일부는 다음과 같다.

그대가 잃은 것, 그것이 전부는 아니다.
그대가 갈구하던 것이 모두 그대 것이다!
사랑한 것, 싸워 쟁취한 것 모든 것을 갖고 있지 않은가!
오, 믿음을 가지라.
그대의 탄생은 헛되지 않다.
그대의 존재, 고통 모두 헛되지 않음을 믿으라!
피조물은 멸하기 마련이고 멸한 것은 다시 부활하기 마련이다!
이제 두려움을 버리고 부활할 준비를 갖추라!

말러는 자신에게 주어진 고통과 실패가 모두 의미 있다고 생각했던 것 같다. 누구나 인생에서 추운 겨울처럼 꽁꽁 얼어붙어 몸을 움츠려야만 하는 때가 있다. 나도 피아노를 전공하겠다고 호언장담한 뒤 막상 꿈꾸었던 삶과 거리가 있음을 확인했을 때 무척 괴로웠다. 유학하면서 IMF로 경제가 좋지 않았을 때, 귀국해서 누구보다 빛날 줄 알았지만 현실은 이미 모든 것

 네 인생에 클래식이 있길 바래

이 정해진 상황이라는 것을 알았을 때, 다른 일을 찾으려 했지만 피아노 말고는 할 줄 아는 게 없음을 알았을 때, 모두가 절망의 순간들이었다. 모든 것을 걸었는데 모든 것을 잃었다고 느꼈던 그 순간, 말러의 〈부활〉은 나에게 전부를 잃은 건 아니라고 따끔하게 충고했다.

아마 살다 보면 너에게도 한치 앞이 보이지 않는 때가 있을 것이다. 무언가를 해보려고 하지만 마음처럼 되지 않고 자꾸만 세상이 너를 무릎 꿇게 만드는 순간이 올 것이다. 스스로를 믿는 마음은 사라지고 너를 의심하게 될 것이다. 그럴 때 "언젠가 나의 시대가 온다"라고 믿고 확언했던 구스타프 말러의 음악을 듣길 권한다. 다시 일어설 수 있다는 사실을 말러를 통해 반드시 확인했으면 한다. 그렇게 언젠가 부활할 너를 위해 포기하지 않고 준비했으면 한다.

말러의 음악은 길이도 굉장히 길고, 멜로디도 복잡할 뿐만 아니라 삶과 죽음에 관한 이야기가 많아서 입문하기 어렵기로 유명하다. 짧다는 교향곡 1번이 50분, 제일 긴 교향곡 3번은 무려 100분이나 된다. 듣기도 어렵고 연주하기도 긴 말러의 음악을 두고 우스갯소리로 "말러는 말을 말라"라며 농담했던 대학 선배도 있었다. 그렇지만 말러의 음악은 최근 들어 인기를 누리고 있다. 그의 예언처럼 백년이 지난 지금에 말러의 시대가 도래한 것이다.

말러,
교향곡 2번 다단조 〈부활〉 5악장 합창 부분

유튜브 검색어 

Mahler, Symphony No.2 Mov V

교향곡 2번은 전체 5악장 구성이고 평균 연주시간이 90분이나 된다. 9분짜리 음악도 가만히 앉아 듣기 힘든데 90분이라니! 말러의 교향곡 한 곡을 들었다면 이미 음악 경험이 대단하다고 할 수 있다. 웬만해선 끝까지 듣기 힘든 길이지만, 커피를 마시면서 말러라는 사람이 90분 동안 내게 이야기를 하는 것이라고 생각하고 들으면 좀 더 쉽게 말러에게 입문할 수 있다. 특히 말러의 교향곡 2번은 오케스트라의 규모와 감동적인 서사로 말러 입문자들에게 추천하는 곡이다.

   네 인생에 클래식이 있길 바래

말러는 교향곡 2번의 작곡을 1889년부터 시도했지만 5년이 흐른 1894년에야 완성했고 초연은 1895년에 했다. 작곡하고 무대에 올리는 데 6년이라는 시간이 흐른 것이다. 말러의 교향곡 중 만드는 데 가장 오래 걸린 작품이다. 1악장 〈영웅의 죽음과 장송의식〉, 2악장 〈죽은 영웅의 행복한 과거 회상〉, 3악장 〈일상의 어수선함〉, 4악장 〈태초의 빛〉, 5악장 〈부활〉로 구성되어 있다.

1악장은 현악기가 동시에 연주하는 총주*로 우리 귀에 굉장히 익숙하다. 광고나 TV 프로그램의 시작에서 무서운 분위기를 조장하며 등장하는 멜로디로 유명하기 때문이다. 저음의 더블베이스가 심판의 날을 상징하는 거대한 선율을 연주하고, 현악기가 죽음을 상징하는 선율과 용서를 구하는 테마를 함께 연주한다.

연주시간이 긴 말러 음악의 특징상 전곡을 다 듣는 일은 꽤나 인내를 필요로 하는데, 처음이라 부담스럽다면 교향곡 2번의 5악장 중에서도 마지막에 나오는 합창을 들어보길 권한다. 100여 명의 합창단원이 전하는 웅장하면서도 처절한 선율에 감동을 느낄 것이다.

• Tutti: 모두 함께 연주하는 부분

fine

머릿속이 너무 혼란스러운 날에

그레고리안 성가

내가 독일에서 처음 공부를 시작했던 쾰른에는 현지인들이 쾰른 돔^{Dome}이라고 부르는 고딕 양식의 아주 높은 성당이 있다. 중앙역을 나오면 바로 보이는 곳인 시내 중심가에 위치해 있어서 많은 사람들에게 만남의 장소가 되는 곳이다. 매 시간마다 울리는 종소리에 지나가다 고개를 들어 쳐다보게 되는 곳이기도 하다. 날마다 그 앞을 오갔지만 언젠가 가보겠지 하는 현지인의 안일함으로 내부를 제대로 구경해본 적이 없었다.

그러던 중 앞날에 대한 걱정과 불안함으로 마음이 복잡했던 어느 날, 쾰른 돔의 종소리에 이끌려 나도 모르게 저벅저벅 성당 안으로 걸어 들어갔다. 성당 안에는 어둠 속에 작은 초가 켜져 있었고, 차가운 공기가 맴돌았지만 따뜻하게 느껴졌다. 신을

 네 인생에 클래식이 있길 바래

믿지도 않고 가톨릭에 대한 상식도 전무한 이방인이었던 나는 그곳에서 고개를 숙이고 한참을 울며 기도했다. 그리고 속이 비워져 개운하다고 느끼며 성당을 나오려는데 희미한 파이프 오르간 소리에 맞추어 누군가 나지막이 성가를 부르는 소리가 들렸다. 당연히 가사의 내용을 전혀 이해하지 못했지만 조용하고 은은하며, 소박하고 엄숙하며, 무게 있고 안정감이 있으며, 웅장하고 경건한 그 음악이 어떤 말보다 나를 다정하게 위로하는 듯했다. 기도를 하면서 다 울었다고 생각했는데 흘릴 눈물이 남아 있었는지 다시 의자에 주저앉아 서럽게 울음을 토해내며 들었다. 누군가 실제로 부르는 그레고리안 성가를 그때 처음으로 접했다.

나는 서양음악을 전공했지만 종교음악이자 중세음악인 그레고리안 성가를 접할 기회는 많지 않았다. 종교음악은 클래식과는 또 다른 영역으로 분류될 만큼 공부할 부분이 많기 때문이다. 그레고리안 성가는 이전에 흩어져 있던 성가들을 정리한 교황 그레고리우스 1세의 이름을 따서 붙인 것으로, 중세 유럽의 수도원에서 시작된 가톨릭 교회의 전례음악을 말한다.

중세시대의 음악은 가사가 선율보다 훨씬 중요했고, 하느님을 찬양하는 내용이 대부분으로 개인적인 인간의 감정을 표현하는 경우는 드물었다. 한편 그레고리안 성가의 음악 폭이 방대해지면서 9세기경에는 네우마neuma라고 하는 기보법이 생겼다. 음악의 역사는 해독할 수 있는 악보와 연주될 수 있는 악기가 보존되면서 발전한다. 즉, 기보법이 생긴 중세시대의 그레고리안 성가부터 서양음악사는 발전되었다고 할 수 있다. 그레고리안 성가의 가사는 모두 라틴어로 되어 있고, 내용은 모두 성스럽고 엄숙하다. 남자 수도사들만 그레고리안 성가를 불렀고, 평민들은 글도 모르고 악보를 읽을 줄도 몰랐으니 부르기 어려웠다. 당시 기악은 불경스러운 것이라는 인식이 있어서 오로지 인간의 음성만으로 불렀다.

그레고리안 성가는 차분한 선율 때문에 들으면 마음이 평온해진다고 말하는 이들이 많다. 어린아이에게 그레고리안 성가를 들려주면 잠투정을 그치고 잠을 잘 자기도 한다. 너 역시 어렸을 때 그레고리안 성가를 자장가 삼아 잠에 들곤 했었다. 빠르기가 빠르지 않고, 음고가 높지 않으면서, 리듬도 안정적이다. 듣다 보면 중간 중간 숨을 쉬는 구간에서 나도 같이 숨을 쉬게 된다. 마치 음악을 들으며 명상을 하는 것 같은 느낌을 준다.

너는 마음이 복잡할 때 시끄럽고 빠른 음악을 듣는 편일까, 조용하고 차분한 음악을 듣는 편일까? 시끄럽고 빠른 음악을 들으면 스트레스는 풀릴 것이다. 나 역시 젊은 시절에는 어지러운 마음을 내다버리고 싶은 충동으로 스트레스를 받을 때마다 정신없이 몰아치는 음악을 반복해 들었다. 하지만 모든 쓸데없는 걱정과 생각이 사라질 거라는 내 생각과 다르게 감정적이고 충동적인 기분을 주체하기 힘들었던 경험이 많다. 다른 방법으로 친구에게 전화를 걸어 수다를 쏟아내고 술을 마셔보

 네 인생에 클래식이 있길 바래

기도 했지만 그 끝에는 괜히 말했다거나 괜히 마셨다는 자책만이 나를 사로잡았다. 나는 네가 혼란스러운 감정으로 힘들 때면 혼자 있으면서 문제의 원인을 살피고 해결책을 찾기를 바란다. 그때 그레고리안 성가와 함께라면 더 쉽게 복잡한 감정에서 벗어날 수 있을 것이다.

그레고리안 성가

유튜브 검색어 
Gregorian Chants

클래식을 전공하면서도 그레고리안 성가 악보를 마주할 일은 많지 않았다. 음악사 책에 삽입된 그레고리안 성가 악보를 본 적은 있지만 처음엔 아무 교감이 되지 않았다. 그러다가 수도자의 삶을 그린 영화와 그레고리안 성가에 대한 다큐멘터리를 보면서 종이 위에 그려진 음표 하나하나가 살아 움직이며 소리로 바뀌는 것 같은 느낌을 받았다. 조용한 공간에서 울려 퍼지는 인간의 목소리가 마음에 들어왔다.

그레고리안 성가는 숨이 있는 음악이다. 애초에 성가는 말로 표현하지 못한 특별한 뉘앙스를 전달하기 위해 탄생했다. 성가집은 수기로 쓰여졌고, 인쇄술이 발달되기 이전이라 소량으로 특별히 제작되곤 했다. 그래서 그레고리안 성가집은 글씨체가 각각 다르며, 기보자의 성향에 따라 그림이 추가된 것도 많다. 책에서 사용한 서체에 따라 단정함, 귀여움, 우아

그레고리안 성가 악보

함, 세련됨 등의 다른 느낌을 받는 것처럼 그레고리안 성가 악보에는 악보를 그린 이의 숨결이 각기 다르게 생생히 살아 있다.

중세 초기에 전례를 통해 발생했고, 11세기 이후 기록되며 발전한 그레고리안 성가는 로마에서 기독교를 확장하는 데 큰 영향을 주었다. 모든 성직자와 수도사들은 하루에 일곱 번씩 성가를 부르며 성무일과를 바친다. 노래로 바치는 기도인 셈이다.

fine

3장

힘든 시간은 지나가고
경험은 남기 마련이다

__사랑에 대하여

음악 듣는 사람을 만나면 좋은 이유

"어떤 음악을 좋아하세요?"

어떤 음악을 좋아하는지 묻는 질문은 마치 나에게 "어떤 사람을 좋아하세요?"처럼 들린다. 돌이켜보면 결혼에 관심은 없었지만 만약 결혼을 한다면 이런 사람과 하고 싶다는 기준은 항상 있었다. 음악을 듣는 일은 내 일상의 대부분을 차지하고, 나를 이해하는 데도 중요한 역할을 하기에 항상 원하는 이성의 조건 1순위는 음악 듣는 사람을 꼽았다. 평소 음악을 듣는 것은 물론, 음악에 깊은 관심이 있어서 함께 음악에 대해 이야기했으면 했다. 일을 마치고 집으로 돌아와서 시원한 캔 맥주 하나에 혹은 저녁 밥상에서 음악에 대해 함께 이야기할 수 있는 사람이길 바랐다.

그러니 네 아빠를 처음 만났을 때, 음악에 문외한인 것을 알고서는 다시 만날 여지가 없다고 생각했던 것이다. 예술의 전당에서 클래식 연주를 보자며 애프터 신청을 한 아빠를 따라 객석에 앉을 때만 해도 혹시나 하는 기대가 있었다. 하지만 아빠는 무대가 어두워지자마자 잠들어 연주가 진행될수록 고갯짓이 양옆으로 커졌다. 저러다 행여 코라도 골면 어쩌지 하는 마음으로 전전긍긍하다 연주회가 끝났다. 화가 난 나는 그만 만나자고 했고, 아빠는 미동도 없이 편안한 얼굴로 어디 가서 차라도 한 잔 하자고 말했다.

단박에 거절하고 돌아서기는 어색해서 카페에 들어가 앉았다. 아빠는 왜 연주회 이후 화가 났는지 구체적으로 이야기해 줄 수 있겠냐고 물었다. 나는 음악하는 사람인데 연주회에 와서 졸고 있는 사람과는 아무래도 만남을 이어가지 못할 것 같다고 솔직히 말했다. 음악을 듣는 일이 숙제처럼 느껴지는 사람과 연인관계를 이어가긴 힘들다고 하며, 어떻게 음악을 들으러 와서 불이 꺼지자마자 잘 수 있냐고 따지듯이 물었다. 아빠는 잠시 생각하는 듯 하더니 우문현답을 내놓았다.

음악을 들을 줄 모르는 사람에게 음악 듣는 법을 가르쳐주는 것은 어떻겠냐고 한 것이다. 음악을 전공하거나 음악을 많이 들었다고 자부하는 사람들은 은근히 자만이 있다면서, 모르는 사람들을 친절히 가르쳐줄 생각은 안 하고 현상 그 자체만 놓고 결론을 낸다고 지적했다. 친절히 이야기하지만 정곡을 찌르는 말이라 몹시 창피했다.

나는 음악 듣는 사람을 사랑한다면서 음악 듣기를 시작하려는 사람에게는 친절하지 않았다. 과거에 음악을 듣지 않았어도 앞으로 달라질 수 있는 일인데, 미래의 가능성에는 전혀 여지를 두지 않았다. 현상만 보려고 했던 나의 오만함이 부끄러워지자 아빠가 갑자기 달리 보였다. 아빠는 '음악 듣는 사람'은 현재형이지 과거형은 아니라고 했고, 그날부터 음악을 들어보겠노라고 내게 말했다.

음악을 듣는다는 것은 달리 말하면 상대의 언어를 주의 깊게 들을 줄 안다는 뜻이다. 나는 네가 누구를 만나든 평소 음악을 즐겨 듣는 사람을 만났으면 한다. 음악을 듣는 사람은 감정을 느끼고 표현하는 데 인색하지 않다. 평소 음악 듣는 것으로 훈련이 되어 서로의 다름을 인정하며 조율까지 할 수 있으니 대화를 나눌 때에도 한결 편안하고 자연스러울 것이다.

예전에 클래식 음악 감상실에서 정기적으로 클래식 강의를 진행한 적이 있다. 그때 꼭 함께 오는 부부가 있었다. 혼자 와서 조용히 음악을 즐기는 것도 좋지만 부부나 연인끼리 함께 참여하는 모습이 너무 아름답고 인상적이었다. 나는 강의가 끝나고 뒤풀이 자리에서 그 부부에게 말을 건넸다. "두 분이 항상 음악을 같이 들으러 오셔서 정말 보기 좋아요. 행복하시겠어요"라고 했더니 남편분이 쑥스러운 듯 미소를 지으며 답했다. "제가 음악을 듣기 시작한 건 얼마 안 됐어요. 와이프는 워낙 음악

   네 인생에 클래식이 있길 바래

을 좋아했는데 저는 전혀 관심이 없었죠. 그러다가 부부 관계가 안 좋아지면서 상담을 받았고, 처방의 일환으로 같은 취미를 하나 공유하라고 해서 그때부터 음악을 듣기 시작했어요. 처음에는 어색하고 불편했는데, 음악을 같이 들어보니 이 사람의 언어를 이해하겠더라고요. 이 사람이 왜 음악을 좋아했는지, 어떤 작곡가의 음악을 좋아하는지를 알고 나니 아내를 이해하는 게 훨씬 쉬워졌어요. 물론 음악 자체가 저한테 주는 위로와 기쁨도 크고요. 늦게라도 음악을 듣는 사람이 돼서 너무 행복합니다.”

사람마다 음악을 듣는 이유는 다양하다. 단지 기분전환을 위한 것일 수도 있고, 일에 집중하기 위한 백색소음으로 듣는 것일 수도 있다. 하지만 본래 음악의 역할은 상상하고 꿈꾸게 하는 것이다. 우리는 음악을 듣는 순간만은 지금 있는 세계에서 분리되어 완전히 다른 세계로 진입한다. 비단 소리뿐만이 아니라 소리 너머의 것을 듣는 연습을 하다 보면 음악을 더 깊이 듣는 것이 가능해진다. 처음에는 멜로디 하이라이트만 듣다가 다양한 소리의 어울림, 소리 너머의 소리를 듣기 시작하면 ‘침묵’을 듣는 경지까지 갈 수 있다. 음악과 함께 너를 들여다볼 시간을 더 많이 만들었으면 한다. 그리고 너의 연인은 너의 침묵까지 듣는 사람이었으면 더 바랄 게 없겠다.

슈만,
가곡집 《미르텐》 중 〈헌정〉 Op.25 No.1

유튜브 검색어 

Schumann, Widmung, Op.25 No.1

서양 음악사에서 가장 달달한 커플을 뽑으라면 1위는 단연 로베르트 슈만(1810~1856, 독일)과 클라라 슈만 부부다. 슈만과 클라라는 춘향이와 이도령, 로미오와 줄리엣처럼 어디서나 붙어 있는 이름이다.

　물론 슈만이 전 생애에 걸쳐 클라라만 사랑한 것은 아니다. 그가 사랑했던 에르네스티네는 프리드리히 비크 선생의 문하에서 같이 공부했던 프리켄 남작의 딸로, 슈만의 고난도 작품 〈교향적 연습곡〉 Op.13의 주인공이다. 이 밖에 1837년

 　　　　네 인생에 클래식이 있길 바래

6월, 영국 출신의 피아니스트 레이들라브와 사랑에 빠졌을 때는 그녀에게 〈환상소곡집〉 Op.12을 작곡해 바치기도 했다. 그럼에도 불구하고 클라라는 결혼과 동시에 슈만의 모든 과거를 지나간 일로 묻고 그를 품었다. 1840년 슈만은 서른 살에 결혼했고, 결혼하던 해에 클라라에 대한 사랑을 담은 수많은 가곡을 작곡했다.

슈만은 서점을 했던 아버지의 영향으로 문학에 관심이 많았다. 여러 시인들의 시에 멜로디를 붙여 26개의 곡으로 이루어진《미르텐》이라는 연가곡집을 만들었는데, 여기서 처음 나오는 곡이 바로 〈헌정〉이다. 독일의 낭만파 시인 프리드리히 뤼케르트의 동명의 시 위에 음악을 입힌 것이다. 슈만은 결혼식 전날 밤에 이 곡을 클라라에게 바쳤다. 여기서 '미르텐'은 미르테의 복수형이며 미르테는 결혼식 때 쓰이는 하얀 꽃을 말한다. 동시에 서양에서 순결한 신부를 의미한다. 다음 〈헌정〉의 가사를 감상해보자.

그대는 나의 영혼, 나의 심장이요

나의 기쁨이고 나의 고통이며,

내가 살아가는 나의 세계이자

내가 날아오르는 하늘.

나의 근심을 영원히 묻어버린 무덤이며

나의 안식, 마음의 평화,

하늘이 내게 주신 사람.

그대의 사랑이야말로 나를 가치 있게 만들고

그대의 시선으로 말미암아 내 마음이 맑고 밝아진다네.

fine

 네 인생에 클래식이 있길 바래

말 너머의 감정을 느끼는 것이 중요하다

나는 유독 어느 분야든 모르는 게 없는 일명 '똑똑이'들에게 금방 사랑을 느꼈다. 그러니 다독가에 음악적 지식도 풍부하고 말까지 잘했던 사람에게 마음을 준 일은 놀라운 것도 아니었다. 사람을 보는 안목이 부족했고 보이는 것이 전부라 믿었던 시절이다. 현란하고 박학다식한 상대의 말을 듣고 있노라면 팥으로 메주를 쑨다고 해도 믿을 지경이었다. 다행스럽게도 똑똑이와의 연애는 얼마 가지 않아 끝났다. 나는 그 사람을 만나면서 굉장히 큰 교훈을 얻었다. 바로 말이라는 게 천냥 빚을 갚을 수도 있고, 사람을 살릴 수도 있다지만 말이 전부가 아니라는 사실이다. 말만으로 표현되지 않는 감정과 진심을 읽을 줄 알아야 하는데, 나는 클래식 음악을 들으면서 내 부족한 능력을

어느 정도 키웠다고 생각한다.

후기 낭만파 작곡가였던 구스타프 말러는 "음악에서 가장 중요한 것은 악보에 기록되어 있지 않다"라고 말했다. 음악을 공부하면 할수록 나는 그의 말에 고개를 끄덕이게 되는데, 악보 너머에 있는 곡의 의미와 감정을 얼마나 잘 이해하는가에 따라 음악적 능력이 좌우되기 때문이다. 이를테면 악보의 음표와 나타냄말만 보며 그대로 연주하는 사람과 작곡가가 살았던 당시 배경을 이해하고 상상하며 연주하는 사람을 비교해보면 알 수 있다. 과연 누가 더 작곡가가 음표로 담아놓은 이야기를 잘 풀어낼 수 있겠는지 생각해보라.

작곡가들은 악보에 자신의 감정을 쏟아내곤 했다. 독일의 작곡가 브람스(1833~1897)는 스승의 여인이었던 클라라 슈만에게 드러내놓고 사랑한다는 표현을 할 수 없었다. 과묵하고 생각이 많았던 그는 자신의 감정을 두고두고 곱씹어 악보에 적어 내려갔다. 클라라를 사랑하는 마음을 음표로 바꾸어 그 곡을 연주할 클라라가 정확하게 느낄 수 있도록 표현했다. 말이 아닌 음악이라는 표현 방법을 쓴 것이고, 악보에는 사랑한다는 말이 담겨 있었다.

작곡가 차이콥스키(1840~1893, 러시아)도 마찬가지다. 그는 비록 동성애 성향이 있어 여성에게 사랑의 감정을 느끼진 못했지만, 음악을 사랑하는 사람과의 대화는 상대가 누구라도 소중히 여겼고 즐거움을 느꼈다. 그런 의미에서 부유한 미망인이었던 폰 메크 부인과의 편지 교류는 여러모로 힘들었던 차이콥스키의 인생에 한 줄기 빛이었다. 차이콥스키는 작곡을 하면 항상 메크 부인에게 보여주면서 의견을 물었고, 작품에 관한 솔직한 자신의 생각도 가감 없이 드러냈다. 차이콥스키에게 음악은 감정을 전달하는 유일한 도구였다. 말과 글은 그가 느낀 다양한 감정을 담기에는 한없이 부족했다.

영국의 작곡가 엘가(1857~1934)도 자신의 마음을 음악에 담아 표현했다. 엘가는 원래 모차르트나 베토벤처럼 시대를 호령하는 작곡가는 아니었다. 무명의 작곡가이자 악기상의 아들이던 엘가의 미래는 불투명했었다. 그런 엘가가 부인 앨리스의 덕으로 작곡에 전념하면서 후에 영국을 대표하는 작곡가가 되었다는 사실은 유명하다. 앨리스는 부유한 집안의 육군 간부 딸이었다. 엘가는 앨리스보다 여덟 살이 적은데다 장래도 촉망받지 못하니 그 둘의 사랑에는 집안의 반대가 심했다. 그러나 앨리스는 자신의 사랑을 굳게 믿었기에 엘가와 약혼했고, 엘가는 자신을 믿어준 앨리스에게 약혼 선물로 〈**사랑의 인사**〉를 작곡해 선물했다. 그 후 그들은 엘가의 나이 32세, 앨리스의 나이 40세인 1889년에 결혼했다. 앨리스는 결혼 후에도 살면서 한 번도 남편을 탓한 적이 없다고 하니 그녀의 배려심과 성품도 짐작된다.

작곡가들이 음악과 악보를 통해 사랑의 밀어를 전했다면, 네 아빠는 내게 한 병의 박카스로 진심을 전했다. 아빠와 막 연애를 시작했을 때다. 나는 매주 전국으로 며칠씩 대학강의를 다녔다. 아침 9시부터 강의가 있는 날에는 새벽 일찍 고속버스를 타야 했고, 금요일에 오후 강의가 늦게 끝나는 날에는 꽉 막힌 고속도로를 지나 다 늦은 밤이 되어서야 서울에 도착했다. 그때는 SRT 같은 고속기차가 있기 전이라 자가용을 이용하지 않는 한 지방을 가기 위해서는 버스를 타야 했다. 그날도 지친 몸을 가누며 고속버스에서 내리는데 마중 나온 아빠가 반갑게 손을 흔들며 서 있었다. 손에는 박카스를 든 채였다. 여자에게 첫 선물로 주는 게 꽃다발이나 화장품이 아닌 피로회복제라니. 환상이라고는 1도 없는 지극히 현실적인 선물이었다. 막 연애를 시작하는 연인 관계의 선물이라기보다는 가족끼리 주고받는 선물처럼 느껴졌다. 내심 실망을 했던 내 마음이 읽혔는지 아빠는 설명을 덧붙이며 말했다. "앞으로 만나면서 꽃이나 화장품은 자주 선물해줄 수 있지만, 당장 피곤한 현영 씨에게는 피로회복제가 우선일 것 같네요." 몸이 건강해야 사랑도 할 수 있지 않겠냐며 무심하지만 따뜻한 말 한마디도 함께였다. 말의 진심을 느끼고 나니 초라한 박카스 한 병이 어떤 장미꽃보다도 더 멋지고 고맙게 느껴졌다. 그때 아빠는 비록 나의 환심은 못 얻었지만 진심은 얻었다. 화려한 말에 쉽게 휘둘리던 헛똑똑이었던 내가 투박한 말에 담긴 진심을 알아본 순간이었다.

 네 인생에 클래식이 있길 바래

엘가,
〈사랑의 인사〉 Op.12

유튜브 검색어 
Elgar, Salut d'amour, Op.12

영국 출신의 에드워드 엘가는 사랑하는 아내 앨리스^{Alice Elgar}에게 '살루트 다 모르^{Salut d'amour}', 우리말로 '사랑의 인사'라는 제목의 곡을 선물했다. 원래는 독일어에 능통한 앨리스를 위해 독일어로 제목을 정하려 했지만, 출판사의 권유로 프랑스어 제목으로 발표한다. 대부분의 클래식이 제목이 없었는데 이렇게 달콤한 제목이 붙으니 세간의 관심을 끌었다.

바이올린 연주자라면 누구나 한번쯤은 이 곡을 무대에 올린다. 이때 연주자의 연륜에 따라 음악의 깊이와 농도는 천차만별이다. 나는 그중 우리나라의 1세대 클래식 스타 정경화의 연주를 좋아한다. 젊은 연주자의 연주가 20대를 표현한다면 그녀의 연주는 삶을 살아본 자의, 다양한 사랑을 해본 이의 연륜이 묻어나기 때문이다.

피아노 독주곡이 원곡인데 요즘은 바이올린과 피아노를 위한 이중주 또는 첼로 독주곡이나 관현악 버전으로도 자주 연주된다. 클래식도 유명한 곡들은 가요의 리메이크나 커버처럼 다른 악기로 편곡되어 연주되는 경우가 많다. 작곡가 본인이 다른 악기로 편곡하는 경우도 있고, 후대의 다른 작곡가나 연주자가 하는 경우도 있다. 멜로디가 좋으면 기악음악이지만 가사를 붙여 성악곡처럼 불리기도 하는데, 〈사랑의 인사〉가 크리스마스에 자주 듣는 〈흰 눈이 기쁨 되는 날[러브송]〉로 편곡된 것이 그 예다.

보통의 클래식은 상당한 길이 때문에 진입 장벽이 높은데, 이 곡은 3분 정도로 다른 클래식에 비해서 길이가 짧다. 마장조 - 사장조 - 마장조 구성의 3부 형식으로 처음에 등장했던 주제가 다시 등장하기에 멜로디를 기억하기도 쉽다. 단순하면서도 평온한 멜로디는 듣는 이의 마음을 따뜻하게 감싸주는 듯해 커피향이 가득한 아늑한 분위기의 카페에 들어서면 어김없이 흘러나오는 클래식이기도 하다. 이 곡은 전반적으로 평온하지만 시종일관 그런 느낌만 있는 건 아니다. 곡

　　　네 인생에 클래식이 있길 바래

의 시작부터 엇박자 개념의 당김음Syncopation이라는 게 등장하는데, 이 당김음은 정박자에 나오는 리듬보다 은근히 긴장감을 느끼게 한다. 사랑은 어차피 밀고 당기는 것이 본질이니, 이보다 더 사랑을 잘 표현한 곡이 있나 싶다.

엘가는 영국 음악사에서 작곡가 헨리 퍼셀(1659~1695, 영국) 이후 제일 유명한 인물로, 〈사랑의 인사〉 외에도 **〈위풍당당 행진곡〉**, **〈첼로 협주곡〉**, **〈수수께끼 변주곡〉** 등의 명곡을 남겼다. 영국 사람들은 모차르트, 베토벤보다 그를 훨씬 좋아한다. BBC 국영방송이 주최하는 클래식 음악 축제 '프롬스'에서 대미를 장식할 때, 어김없이 엘가의 〈위풍당당 행진곡〉이 연주되는 것만 보아도 알 수 있다.

fine

기다림을 아는 것

독일 라이프치히 음대에서 공부할 때의 일이다. 학교에서 베토벤 피아노 협주곡으로 오디션이 있었다. 베토벤은 총 다섯 곡의 피아노 협주곡을 작곡했고, 그중 5번 〈황제〉가 가장 유명하다. 참여를 원하면 자신에게 가장 어울리는 곡을 선택해서 오디션을 볼 수 있었고, 오디션에 합격하면 오케스트라와의 협연 기회가 주어졌다. 오케스트라와의 협연은 상대적으로 드문 기회였기에 나뿐 아니라 다수가 오디션에 도전했다.

다섯 협주곡 중 어느 것이나 선택할 수 있었지만, 가장 경쟁이 치열한 협주곡은 단연 5번 〈황제〉였다. 나도 선생님께 오디션에 도전해보겠다고 참가의사를 밝히고 〈황제〉를 연주하고 싶다고 말했다. 선생님은 한참 동안 말이 없더니 일주일 동안

 네 인생에 클래식이 있길 바래

다시 한번 생각해보라고 했다. 내심 바로 동의를 해줄 거라 믿었기에 서운한 생각이 들었다. 선생님은 베토벤의 피아노 협주곡 전부를 다시 잘 들어보라고 했다.

일주일 내내 다섯 곡의 피아노 협주곡을 주구장창 들었다. 1번과 2번은 아무리 들어도 끌리지 않았다. 또한 베토벤과 모차르트를 섞어 놓은 듯한 무거움과 가벼움의 중간을 잘 넘나들 자신이 없어서 포기했다. 문제는 나머지 세 곡이었는데, 각각 매력이 뚜렷해서 선뜻 고를 수가 없었다. 3번은 다섯 곡 중 유일한 단조 협주곡이고, 4번은 처음부터 오케스트라의 전주 없이 피아노 독주가 시작된다. 전주가 없어서 듣는 이를 의아하게 만드는 4번 협주곡은 베토벤의 상징인 진지함과 무거움 대신 부드러움과 온화함이 녹아 있다. 3번은 남성적이고 저돌적인 반면, 4번은 부드러운 실크 스카프가 바람에 나풀거리는 느낌이다. 하지만 3번과 4번을 번갈아 계속 들어봐도 5번이 아니라면 의미가 없다는 생각이 들었다. 역시 가장 유명한 5번에 대한 막연한 끌림만 느꼈다. 이 곡을 연주하면서 마치 내가 정말 황제가 된 듯한 기분을 느끼고 싶었던 걸까?

욕심인지 열망인지 모를 나의 감정에 선택을 못하고 있던 마지막 요일에 문득 베토벤의 인생에 대해 생각해보았다. 어떤 계기였는지는 생각나지 않지만 갑자기 불현듯 그의 인생이 파노라마처럼 내 머릿속에 펼쳐졌다. 어떤 협주곡을 선택할지는 내가 베토벤의 인생에 대해 얼마나 아느냐와 관계가 있을 것이라는 생각에서였다.

베토벤은 악기 중에 피아노를 가장 좋아한 천재 피아니스트였다. 그는 88개의 건반으로 빈^{Wien}에서 귀족들의 마음과 귀를 제대로 휘어잡았다. 독일 본^{Bonn} 출신이지만 당대 유명한 음악가 하이든과 모차르트가 있는 빈으로 건너가 사람들에게 자신을 입증해야 했던 베토벤은 피아노 소나타 작곡에 주력했다. 그리고 1795년, 그의 나이 25세에 피아니스트로 처음 공개 연주회를 열어 귀족들에게 큰 호응을 얻는다. 말하자면 베토벤의 필살기는 피아노 연주였던 셈이다. 악성 베토벤도 누군가에게 인정받기 위해 매우 애를 썼던 시절이 있었다.

그는 피아노 소나타와 더불어 피아노 협주곡에도 애정을 쏟았다. **베토벤 피아노 협주곡 1, 2번**에는 모차르트의 영향이 남아 있지만, 청력에 문제가 생겼음을 알게 된 1796년경 이후부터 하일리겐슈타트(빈 외곽의 휴양도시)에서 유서를 썼던 1802년 즈음에는 베토벤다움이 드러난다. 그 시절 작곡한 피아노 협주곡 3번이 그렇다. 이후 작품인 4번과 5번은 완전히 베토벤표 음악이라고 할 수 있다.

베토벤 피아노 협주곡 3번은 1796년부터 1803년에 걸쳐 작곡했는데, 오스트리아 안 데어 빈^{Theater an der Wien} 극장에서 1803년 초연되었다. 사실 이 곡은 초연 때까지 제대로 완성이 되지 않았다. 베토벤만 알아보는 암호가 악보에 그려져 있었을 뿐이다. 다시 말해 초연에서 즉흥으로 연주한 것이다. 그렇다. 그의 인생에서 가장 춥고 외로웠던 시절, 오죽하면 세상과 이별을 하려고 유서를 썼던 지난한 시간에 즉흥적으로 협주곡 3번은 완성되었다.

피아노 협주곡 3번은 전체 3악장으로 구성되어 있는데, 곡의 처음은 세상과 정면 승부하는 듯 도레미파솔라시도의 다단조 단음계가 연거푸 세 번 연주된다. 그렇게 시작된 다단조 1악장을 거쳐 구름 위를 걷는 듯 울려 퍼지는 2악장은 아름답기가 이루 말할 수 없다. 중간에 클라리넷과 플루트가 피아노와 각각 주고받는 부분은 꿈의 대화처럼 신비롭기까지 하다. 마지막 3악장은 빗속을 가르며 달리는 마차가 연상되듯 아주 빠른 템포(프레스토)로 진행된다. 자살 시도 전과 후를 거치며 변화되었을 심경이 그 어떤 악장보다 세세하게 느껴진다.

베토벤은 청각 상실이라는 신체적 장애로 인생이 바뀐 사람이다. 혼자 서 있는 게 얼마나 두렵고 무서운 일인지 그 누구보다도 절절이 느꼈던 연약한 인간이다. 모두가 듣는 자신의 음악을 정작 자신만 못 듣는다는 건 엄청난 절망이었을 것이다. 베토벤은 전前 시대의 여느 작곡가들처럼 교회에도 귀족에게도 속해 있지 않았기에 오롯이 음악만으로 세상과 부딪쳤다. 그는 쉬이 세상과 타협하지 않는 음악을 내놓았다.

베토벤의 인생을 오롯이 느끼고 나니 베토벤 피아노 협주곡 3번은 나에게 많은 이야기를 전달해주었다. 왜 하필 조성이 다단조인지, 단호하게 시작되는 서주는 어떤 느낌인지, 중간의 아름답고 처연한 2악장의 멜로디는 무슨 느낌인지 등 악보를 들여다보고 연습하면 할수록 나는 그의 음악세계에 빠져들었다. 그때부터 내게 있어 최고의 베토벤 피아노 협주곡은 3번이 되었다. 선생님이 단박에 5번을 허락했다면 3번의 진가를 알아채지 못했을 것이다.

음악을 전공하고 있지만 모든 클래식이 듣자마자 이해가 되는 것은 아니다. 클래식은 두어 번 듣는다고 뇌리에 확 박히는 장르는 아니기에, 음악을 듣는 데 시간을 투자하고 음악이 나에게 이야기를 걸어줄 때까지 기다릴 줄 아는 여유도 필요하다. 그렇게 내가 다시 그 음악을 찾을 때를 기다려야 한다. 베토벤이 나에게 말을 걸었던 것처럼 음악이 너에게 말을 거는 날도 분명 있을 거라고 생각한다. 네가 재촉하고 쉬이 돌아서지만 않는다면.

　　네 인생에 클래식이 있길 바래

베토벤,
피아노 협주곡 3번 다단조 Op.37

Beethoven, Piano Concerto No.3 in C Minor op.37

베토벤이 작곡한 아홉 개의 교향곡이 음악사에서 절대 빠질 수 없는 곡이듯, 피아니스트에게는 32곡의 피아노 소나타와 5곡의 피아노 협주곡도 그에 못지 않게 중요한 레퍼토리라 소개하고자 한다. 베토벤의 첫 피아노 소나타가 1795년에 작곡되고, 마지막 소나타가 1822년에 작곡되었으니, 그는 인생의 절반을 피아노 소나타와 함께한 셈이다.

협주곡協奏曲은 이탈리아어로 콘체르토concerto라고 하는데, '합동하다, 참여하다, 경쟁하다'라는 뜻의 라틴어 '콘체르타레Concertare'에서 나온 말이다. 함께하면서도 경쟁하는 아이러니가 담겨 있

카를 트라우곳 리델, 〈31세의 베토벤〉(1801)

는 음악이다. 영어에서는 협주곡을 콘체르토, 연주회를 콘서트concert라고 하고, 독일어에서는 공통적으로 콘체르트Konzert라고 부른다. 독주악기의 종류에 따라 협주곡의 명칭이 달라지는데, 독주악기가 피아노면 '피아노 협주곡', 바이올린이면 '바이올린 협주곡', 첼로면 '첼로 협주곡'이라고 부른다. 많이 알려진 악기일수록 협주곡의 개수도 많기 마련이다. 또한 작곡가에 따라 이색적인 악기를 위한 협주곡을 작곡하기도 한다. 이를테면 하이든의 트럼펫 협주곡, 비발디나 모차르트가 작곡한 바순 협주곡, 보테시니(1821~1889, 이탈리아)나 쿠세비츠키(1874~1951, 러시아)의 더블베이스 협주곡, 고든 제이콥(1895~1984, 영국)의 트롬본 협주곡, 레이프 본-윌리엄스(1872~1958, 영국)의 튜바 협주곡, 윌리엄 크래프트(1923~2022, 영국)의 팀파니 협주곡 등이 있다.

협주곡은 대부분 3악장 형식으로 1악장은 소나타 형식, 2악장은 세도막 형식ternary form•으로 세 개의 주요 부분(A-B-A)이 등장한다. 노래의 구조와 비슷해 리트Lied(독일 가곡) 형식이라고도 부른다. 3악장은 론도rondo 형식이 제일 많은데, 론도는 하나의 주제가 기본을 이루면서 사이사이에 각각 다른 주제가 등장해 A-B-A-C-A의 모습을 띠는 형식을 말

• 세 부분으로 구성되는 악곡의 기초 형식

 네 인생에 클래식이 있길 바래

한다. 또다른 협주곡의 특징으로는 카덴차Cadenza를 꼽을 수 있다. 카덴차는 주로 1악장과 3악장의 코다(종결부) 직전에 나와 독주자의 기량을 맘껏 보여주는 대목이다. 베토벤 이전의 작품에서는 연주자가 즉흥으로 연주하는 방식이었지만, 베토벤 이후부터는 이미 작곡된 악보로 연주하는 방식으로 변화되었다.

베토벤 피아노 협주곡 3번은 5곡의 피아노 협주곡 중 유일하게 단조 협주곡이며, 독주자의 기량을 뽐내는 카덴차 부분이 완성되지 않았지만 즉흥 연주를 해서 초연에 대성공했던 작품이다. 이 곡의 조성인 다단조는 베토벤의 시그니처 조성으로 알려질 정도로 그의 명곡 중엔 다단조가 많다. **베토벤 피아노 소나타 8번 〈비창〉, 피아노 소나타 32번, 교향곡 5번 〈운명〉, 교향곡 3번 《에로이카》 2악장 〈장송 행진곡〉, 『플루타르크 영웅전』을 읽고 감명받아 쓴 〈코리올란 서곡〉도 다단조다.**

피아노 협주곡 3번의 1악장은 빠르고 생기 있게, 2악장은 느리게, 3악장은 빠른 론도로 연주하라는 베토벤의 지시어가 쓰여 있다. 리허설을 하는 데만 장장 7시간이 걸린 곡으로 유명한데, 아마도 자신이 깊이 애정했던 곡이라 더욱 세밀하게 연주하고 싶었던 게 아닐까 짐작된다.

피아노 협주곡 3번을 작곡할 당시 베토벤의 마음은 금방이라도 부스러져버릴 듯 위태로웠다. 곡을 작곡하던 중간인 1802년에 하일리겐슈타트에서 자살을 결심하며 유서를 썼을 정도로 더 이상 삶의 의미를 찾지 못하던 시기였다. 1802년 10월에 그가 썼던 유서를 살펴보면 당시 베토벤의 마음이 얼마나 공허하고 쓸쓸하고 외로웠을지 상상이 된다. 초연 후 1년이 지나서야 독주 피아노 파트인 카덴차가 완성되었는데, 이 연주는 베토벤의 제자인 페르디난트 리스가 맡았다. 독주를 자신이 아닌 제자 리스에게 맡긴 것을 보면 이 맘 때쯤 베토벤의 귓병이 더욱 심해졌음을 추측케 한다(베토벤은 피아노 협주곡 4번을 초연한 1808년 12월 22일까지만 연주하고 이후에는 피아니스트로 무대에 서지 않았다). 총 연주 소요 시간은 대략 37분으로 1악장은 다단조 곡으로 소나타 형식이며 약 17분 소요되고, 2악장은 마장조 곡으로 복합 세도막 형식이며 약 10분 소요되고, 마지막 3악장은 다단조 곡으로 론도 형식이며 약 10분이 걸린다. 연주자들에 따라 연주시간은 조금씩 줄거나 늘기도 한다.

앞서 QR코드로 소개한 영상은 우리나라를 빛낸 자랑스러운 피아니스트 임윤찬이 2022년 반 클라이번 콩쿠르에서 연주한 실황이다. 임윤찬 하면 사람들은 제일 먼저 **라흐마니노프 피아노 협주곡 3번**을 떠올리지만 나는 개인적으로 당시 베토벤 피아노 협주곡 3번을 연주하는 그의 모습에서 우승을 직감했다. 그는 준결선에서 엄청난 테크닉을 요구하는 리스

     네 인생에 클래식이 있길 바래

트의 《초절기교 연습곡》 12곡 전곡을 1시간가량 연주했고, 결선에서는 베토벤 피아노 협주곡 3번과 라흐마니노프 피아노 협주곡 3번을 연주해 기립박수를 받았다. 기본적으로 테크닉이 뛰어난 것은 말할 것도 없거니와, 단단하면서도 유연한 음악적 전개로 388명의 피아니스트가 참가한 대회에서 영광스럽게 1위의 트로피를 거머쥐었다. 그는 베토벤 피아노 협주곡 3번을 37분 정도의 길이로 연주했는데, 1악장은 첫 음계부터 군더더기 없는 깨끗한 톤으로 연주했고, 2악장에서는 18세 소년이라고는 믿기지 않을 정도의 깊이 있는 사색이 느껴졌다. 3악장은 오케스트라와의 합이 아주 좋았고, 웅장하면서도 정리된 톤으로 깔끔하게 마무리했다. 임윤찬의 연주로 베토벤 피아노 협주곡 3번을 들어보길 권한다.

fine

너의 결핍을 채우려 누군가를 만나지 마라

음악사에 기록을 남겼던 작곡가가 대부분 남자이다 보니, 나는
여자 입장에서 엉뚱한 상상에 빠질 때가 종종 있다. 만약 이런
남자를 사랑하면 어떨까? 나는 어떤 사람을 좋아하지? 작곡가
의 어떤 모습에 내가 반한 걸까? 곰곰이 생각하다 보면 그 어떤
드라마보다도 재미있는 스토리가 떠오른다.

　이를테면 이렇다. 일상을 성실하게 살았던 바흐는 남편감으
로 좋고, 바그너는 성격이 강하지만 박학다식해서 아는 사람으
로 지내면 도움이 될 것 같고, 쇼팽은 워낙 손이 하얗고 길어서
매력적이지만 말을 너무 안 해서 답답할 것 같고, 드뷔시는 독
특한 사고를 지녔고 천재끼가 있어서 같이 있으면 재미있을 것
같은데 여성 편력이 심한 남자라 감당을 못하겠고, 멘델스존은

　네 인생에 클래식이 있길 바래

성격이 부드럽고 유해서 남자사람 친구하면 딱 좋을 타입 같다는 생각이다. 이런 공상 중에서 연인이나 배우자로 두면 힘들 것 같은 사람으로 꼽히는 인물은 바로 러시아 작곡가 차이콥스키다.

차이콥스키는 남자를 사랑하는 남자였다. 어릴 때부터 예민하고 불안한 성정을 갖고 있던 그는 법률 기숙학교에 들어가 지내면서 자신을 보호해주는 동급생이나 선배들에게 묘한 애정을 느꼈다. 그러면서 자신이 남들과 다른 사랑을 하고 있다는 것을 알았다. 드러내놓고 동성을 사랑하는 것은 사회적으로 불편하고 위험한 일이었기에 자신의 마음과 감정을 숨긴 채로 살다가, 모스크바 음악원 재직 당시 이성과 결혼했다. 음악원에서 만난 아홉 살 어린 제자 안토니나 밀류코바의 열렬한 구애 끝에 이루어진 일이었다. 하지만 이건 어디까지나 사랑하는 두 사람의 결합이 아닌 일방적인 밀류코바의 사랑이었다. 차이콥스키는 자신이 동성을 사랑하는 사람이고 이성과의 결혼에 적합하지 않은 것을 당연히 알고 있으면서도 결혼에 합의했다. 물론 밀류코바가 결혼해주지 않으면 자살한다고 엄포를 놓았다고 하니 마음 약한 차이콥스키가 어쩔 수 없이 허락했을 수도 있지만, 그래도 그런 결정은 하지 말았어야 했다.

차이콥스키는 37세인 1877년 7월 18일에 결혼했으나 결국 석 달이 채 안 가 파국에 이르렀다. 깔끔하게 관계를 정리한 것이 아니라 그냥 차이콥스키가 유럽으로 도망을 갔다. 그가 결혼했던 가장 큰 이유는 자신이 동성애자가 아님을 입증하고 싶었기 때문이리라. 이성과 결혼하면 자신에게 둘러싸인 의혹은 모두 사라질 거라 믿었던 것 같다. 당시 러시아에서 동성애를 밝히는 것은 죽는 일이나 매한가지였으니 말이다.

차이콥스키는 거짓 결혼을 한 탓에 스스로도 힘들었지만 아내 밀류코바도 그에 못지않게 힘들었다. 차이콥스키가 떠나고 그녀는 3년 동안 이혼 소송에 반대했지만 결국 이혼에 합의한다. 짧고 불행한 결혼의 여파였을까? 밀류코바의 불운은 여기서 끝나지 않고 생의 마지막은 정신병원에서 지내게 된다. 대체 이 결혼은 누구를 위한 일이었을까?

결혼이 아니더라도 마음이 헛헛할 때, 자신에게 뭔가 부족하다고 느낄 때 그 결핍을 사랑으로 채우려는 경우가 있다. 아주 위험한 행동으로, 드라마나 영화에서만 이런 소재가 등장하는 것에 그치지 않고 실제 현실에서도 자주 일어난다. 한 사람의 인생이 그 사람만의 것이 아님을, 자신으로 인해 상대가 예상치도 않은 불행을 맞닥뜨릴 수 있다는 것을 기억해야 한다. 살면서 인간으로 할 수 있는 가장 멋진 일은 사랑을 하는 일이다. 그러니 차이콥스키가 했던 것처럼 결핍을 채우기 위한 가짜 사랑을 하지 말고 마음이 솔직하게 움직이는 그런 진짜 아름다운 사랑을 하길 바란다.

 네 인생에 클래식이 있길 바래

차이콥스키,
바이올린 협주곡 라장조 Op.35

유튜브 검색어 

Tchaikovsky, Violin Concerto D Major Op.35

러시아 출신의 차이콥스키는 연주가들이 사랑하는 바이올린 협주곡, 피아노 협주곡을 이야기할 때 자주 입에 오르내리는 작곡가다. 그의 바이올린 협주곡 라장조 Op.35는 아내 밀류코바와의 결혼에 후회하며 유럽으로 도망치듯 떠난 곳, 스위스 제네바에서 작곡되었다.

화려하고 멋진 테크닉으로 듣는 사람의 귀를 사로잡는 곡이지만, 초연 당시 곡을 연주할 사람을 찾지 못하고 많은 이들에게 거절당했다. 지금의 명성이라면 서로 이 곡을 헌정받

아 연주를 하려고 했을 텐데 그때는 바이올린 연주자 중 거
장으로 꼽히는 에드워드 아우어는 물론 많은 사람들이 연
주하기 어렵다고 거절했다. 가까스로 다른 연주자에 의해
1881년에 초연되었는데 지휘를 맡았던 한스 리히터는 전혀
지휘를 내켜하지 않았고 단원들 또한 산만한 상태여서 성공
을 거두지 못하고 끝났다.

　이 곡은 차이콥스키의 유일한 바이올린 협주곡으로 지금
은 웬만한 콩쿠르의 최종 연주곡으로도 유명하고, 일단 바이
올린 협주곡 하면 제일 먼저 떠오르는 곡일 만큼 사람들에게
널리 사랑받고 있다.

fine

　　　　　　네 인생에 클래식이 있길 바래

전 세계인이 사랑하는 작곡가

쇼팽

살다 보면 스스로가 하찮게 느껴지는 날도 있고, 내가 세상의 중심에 서 있는 듯 누구보다도 자랑스러운 날도 있는 법이다. 이런 날들이 번갈아 반복되는 것이 삶인데도, 내가 별 볼 일 없는 인생을 살고 있다는 생각에 사로잡히면 빠져나오기가 힘들어 우울증이 오기도 한다. 우울은 멜랑꼴리melancolie라는 고대 그리스어에서 유래되었다. 쓰디쓴 '검은 담즙'이라는 뜻이다. 우울은 예술가들의 전유물처럼 여겨지기도 한다. 화가 뭉크나 고흐, 피카소도 우울증을 앓았고, 대문호 헤밍웨이뿐 아니라 음악가들도 우울증을 앓는 이들이 많다. 독일 작곡가 슈만이나 체코 작곡가 스메타나 등은 우울증으로 인해 자살을 시도하기도 했다.

전 세계인이 지극히 사랑하는 작곡가 쇼팽(1810~1849, 폴란드)도 일찍 고국을 떠나 타지에서 살면서 외로움과 그리움을 많이 느꼈다. 그는 전 시대를 통틀어 '멜랑꼴리' 하면 빼놓을 수 없는 작곡가다. 대단히 내성적이어서 혼자 있는 시간을 즐기곤 했고, 작품은 대부분 조용하고 느린 단조로 작곡되었다. 일부 장조도 있지만 그마저도 명랑하고 쾌활한 느낌보다는 우아한 느낌이 강하다. 그리고 그는 피아노를 가장 사랑했던 작곡가답게 작품의 90퍼센트 이상을 피아노곡으로 창작했다.

스무 살에 고국 폴란드를 떠나 파리에 정착해 평생 이방인의 삶을 살았지만 언제나 조국 폴란드를 그리워했다. 그는 노래하듯이 피아노를 연주하는 사람이었고, 첫사랑을 가슴에 품고 산 남자이며, 캐리커처와 연극 등 다방면에 재능이 있는 사람이었다. 그는 어떤 사랑을 했을까? 쇼팽은 조용하고 뭉근하지만 강력한 마그마 같은 사랑을 했다. 그리고 쇼팽의 사랑은 언제나 아름다운 곡을 남겼다.

일찍이 폴란드를 떠나기 전 혼자 조용히 좋아했던 성악가 콘스탄차와의 사랑을 노래한 **쇼팽 왈츠 Op.70 No.3, 쇼팽 피아노 협주곡 1번, 2번**이 있다.

1835년에는 드레스덴에 있는 친구의 여동생인 마리아의 집을 방문했다가 떠나면서 **녹턴 Op.9 No.2**의 첫 세 마디를 마리아에게 선물한다. '1835년 9월 22일, 행복하기를'이라는 메모와 함께였다. 여기서 녹턴Nocturne은 클래식 음악의 한 장르로 야행

 네 인생에 클래식이 있길 바래

성을 뜻하는 'nocturnal^{녹터널}'과 어근을 공유하는 데에서 알 수 있듯이 밤에 어울리는 음악을 말한다. 우리말로는 야상곡^{夜想曲}이라고 한다. 쇼팽은 이후 1836년에 마리아에게 구혼하기 위해 파리로 돌아가지만, 1837년 1월 마리아와의 약혼이 깨지고 이별의 아픔이 담긴 **쇼팽 왈츠 Op.69 No.1**을 작곡한다.

그 이후에는 조르주 상드와의 연애를 시작했고, 1846년 상드와 불화를 겪으며 1847년에 헤어진다. 상드와 사이가 위태로웠을 때 마요르카의 수도원에서 작곡한 곡이 〈빗방울 전주곡〉과 〈강아지 왈츠〉다.

쇼팽 하면 기억해야 할 가장 중요한 음악적 특징은 루바토^{Rubato}다. '도둑맞다', '잃어버리다'라는 뜻의 이탈리아어로 악곡에서는 독주자나 지휘자의 재량에 따라서 의도적으로 템포를 조금 빠르게 혹은 조금 느리게 연주하는 것을 말한다. 템포 루바토^{Tempo Rubato}라고도 한다. 루바토를 표현할 때 주의할 점은 템포가 변해도 일정한 박자 안에서 변해야 한다는 것이다. 쉽게 말해 자유롭되 절제해야 한다. 혼자만의 감정에 취해 음악을 흐트러뜨리면 안 되고, 부분을 즐기되 전체가 흔들리지 않도록 연주해야 쇼팽의 음악을 제대로 연주한 것이다. 마치 쇼팽의 음악은 흐느적거리듯 밀고 당기면서도 넘어지지 않는 갈대 같다.

쇼팽의 대표 작품으로는 21곡의 녹턴을 꼽을 수 있는데 나는 녹턴만큼이나 폴로네즈를 좋아한다. 폴로네즈^{Polonez}는 폴란드어로 '폴란드의'라는 뜻으로 폴란드의 세 박자 민속 춤곡을 가리키는 말이자, 쇼팽이 평생 꾸준히 작곡했던 장르를 말한다. 폴로네즈는 원래 농민들의 춤곡이었지만 점차 상류사회로 퍼져서 귀족적 색채가 짙은 음악이 되었다.

쇼팽이 작곡한 폴로네즈 중에서 **안단테 스피아나토 그랜드 폴로네즈 Op.22**라는 곡을 꼭 들어보았으면 한다. 스피아나토^{Spianato}란 이탈리아어로 '매끄러운', '평탄한'이라는 뜻으로, 아르페지오(펼침화음)를 사용해 바다 위의 잔잔한 물결처럼 연주하라는 뜻이다. 이 곡은 한 곡이지만 마치 1부와 2부로 나뉜 듯, 안단테 스피아나토와 그랜드 폴로네즈로 구분된다. 그랜드 폴로네즈를 먼저 작곡하고 나중에 안단테 스피아나토를 작곡해서 한 곡으로 합친 것이다. 원래는 오케스트라와 함께 연주하는 피아노 협주곡으로 작곡했지만 최근에는 피아노 독주곡으로 많이 연주된다.

음악의 첫 부분은 아주 고요하다. 마치 상념을 쓸어내듯 연주되다가 새로운 시작을 알리듯 팡파르가 울린다. 마지막에는 이전의 분위기와는 완전히 다르게 검은 건반 내림 마 음을 당당하게 다섯 번 울리면서 끝난다. 마치 쇼팽이 "지금 괜찮아!"라고 응원하는 것 같아서 나는 이 곡의 코다(마지막 종결부)를 참 좋아한다.

 네 인생에 클래식이 있길 바래

쇼팽,
안단테 스피아나토 그랜드 폴로네즈 Op.22

Chopin, Andante spianato and Grande Polonez, Op.22

음악사에 대해 이야기할 때 바로크 시대, 고전 시대, 낭만 시대라는 표현을 써서 구분한다. 쇼팽은 그중에서도 낭만 시대의 음악가다. 낭만 시대는 바로크나 고전 시대와는 형식적인 면에서나 시대적인 면에서나 많은 차이가 있다. 가장 큰 변화는 왼손과 오른손의 역할에 있다. 기존에는 왼손이 반주하는 역할, 오른손이 멜로디를 이끌어가는 역할이었다면 낭만 시대에는 왼손과 오른손에 상관없이 음을 자유롭게 부여해 다양한 음악을 만들어냈다.

쇼팽은 피아노곡만 작곡한 것으로 유명하다. 그런데 그의 곡을 연주하다 보면 손만큼이나 발도 쉴 새가 없다. 페달의 사용이 많고 무척 디테일하기 때문이다. 장식음(꾸밈음)의 출연도 잦아 전체적으로 화려한 느낌을 준다. 쇼팽의 음악에서 빠질 수 없는 특징인 템포 루바토는 쇼팽의 악보 곳곳에 표기되어 있다. 설령 악보에 템포 루바토 표기가 없다고 하더라도 "쇼팽의 곡을 연주할 때는 템포 루바토가 기본이다"라는 것이 암묵적인 약속으로 지켜진다.

쇼팽에 대한 전 세계인의 사랑이 얼마나 지극한지 세계 3대 콩쿠르 중에 하나가 쇼팽 콩쿠르일 정도다(나머지는 차이콥스키, 퀸 엘리자베스 콩쿠르다˙). 쇼팽 콩쿠르에서는 쇼팽의 곡으로만 경쟁을 한다. 폴란드 출신의 쇼팽 전문 연주자인 안톤 루빈스타인은 쇼팽이야말로 피아노의 시인이며, 피아노의 마음이고, 피아노의 넋이라고 칭송하며 그를 드높이기도 했다.

 왈츠 Op.70 No.3    녹턴 Op.9 No.2

• 일반적으로 세계 3대 콩쿠르라고 부르지만 절대적인 기준은 아니다.

fine

 네 인생에 클래식이 있길 바래

매혹적이고 사랑이 넘치는 음악

라흐마니노프

나는 길게 봐야 하는 드라마보다 2시간 안에 끝나는 영화가 좋다. 짧으니까 더 집중하게 된다. 또 음악이 이야기를 끌고 가는 장르의 특성도 좋다. 같은 음악이라도 연기하는 장면에 삽입된 음악은 감정 동화가 더 쉽고 기억에 남기도 한다. 우리가 영화 OST를 좋아하는 것도 바로 이런 이유에서다.

많은 사람들이 클래식이라고 하면 겁을 먹지만, 상대적으로 영화 속에 흐르는 클래식에는 마음을 쉽게 연다. 그래서 나는 언제부터인가 영화와 어울리는 클래식 곡을 연결해보는 나만의 감상법에 재미를 들였다. 내 멋대로 영화에 어울리는 클래식을 골라서 마치 음악감독처럼 OST를 만들어보는 것이다. 가사가 없어서 어렵게 느껴지는 클래식을 이렇게 감상해보는 것도 재미있는 방법이다.

배우 공유, 전도연 주연의 영화《남과 여》는 핀란드의 겨울을 배경으로 이루어질 수 없는 사랑을 나누는 두 남녀의 이야기다. 영화를 보는 내내 영화를 받쳐줄 음악으로 라흐마니노프가 적격이라는 생각이 들었다. 라흐마니노프의 선율은 우수에 차 있으며 만추晩秋를 떠올릴 정도로 특별한 서정을 띤다. 라흐마니노프가 추운 러시아에서 태어난 사람이라서 그럴까? 그의 음악 온도는 영하와 0도를 왔다 갔다 하는 느낌이다.

라흐마니노프 음악의 백미는 멜로디다. 그는 형식이나 규칙을 지키는 데 힘쓰기보다 귀에 착 달라붙는 매력적인 멜로디를 만드는 것에 집중했다. 클래식을 몰라도, 낯설지 않은 멜로디가 흐르기 때문에 사람들은 선율에 빨리 반응한다. 우리가 클래식 곡보다 주변에서 많이 접했던 가요 선율이 더 좋다고 느끼는 것도 같은 이유다. 라흐마니노프 음악은 고전적이면서도 대중의 감정을 잘 건드리는 서정성이 있다. 여러 영화나 드라마, 광고 음악으로 많이 사용되는 것은 이런 매력 때문이다. 그의 음악은 영화《브릿지 존스의 일기》와《샤인》등에서 흘렀다.

라흐마니노프(1873~1943, 러시아)는 음악적 소양이 뛰어난 아버지와 피아노에 재능이 있는 어머니로부터 처음 음악교육을 받았다. 어렸을 때는 집안이 부유했지만 아버지의 낭비벽과 누이들의 죽음으로 인해 가세가 기울었고, 정신적으로도 힘들어했다. 급기야 가족은 고향을 떠나 상트페테르부르크에서 생활

   네 인생에 클래식이 있길 바래

해야 했고, 집안 형편이 어려워질수록 부모님은 자주 싸웠다. 불안한 라흐마니노프는 오로지 음악에만 집중했지만, 끝끝내 가족은 뿔뿔이 흩어져 살게 되었다. 이때 라흐마니노프는 모스크바로 돌아가 고모집에서 기거하게 된다.

고모의 둘째딸인 네 살 어린 사촌동생 나탈리와 사랑을 싹틔운 것도 바로 이 시기다. 그녀와의 사랑이 깊어질수록 라흐마니노프는 결혼에 대해 진지하게 생각했다. 하지만 근친혼을 반대하는 러시아 정교회라는 거대한 산이 그들을 막고 있었다. 1900년도의 러시아는 정교회의 영향력이 컸기 때문에 두 사람이 결혼을 하고 싶어도 정교회의 허락 없이는 힘들었다. 그 누구도 찬성하지 않는 관계였고, 인정받지 못해 쓸쓸한 사랑이었다. 하지만 자식을 이기는 부모는 없다고 했던가. 나탈리의 엄마이자 라흐마니노프를 어릴 때부터 사랑으로 키워준 고모는 두 사람의 사랑을 받아들이고 사방으로 정교회의 동의를 받기 위해 힘쓴다. 덕분에 그들은 1902년, 예외적으로 조용한 결혼식을 치루고 두 딸을 낳아 행복하게 살았다.

라흐마니노프는 많은 이들로부터 사랑을 받는 대중적 클래식 작곡가다. 그러나 당시에는 그의 작품이 음악평론가들로부터 폄하되기도 했다. 아마도 그가 살았던 20세기의 작곡가들과 달리 19세기의 대중을 겨냥해 음악세계를 펼쳤기 때문이었을 것이다. 라흐마니노프의 음악은 동시대인 20세기 사람이 아닌 19세기 대중이 좋아할 만한 낭만적인 음악이었다. 그도 그럴 것이 그가 활동하던 시기에 이미 다른 작곡가들은 조성과 형식을 탈피하며 아방가르드(경계 너머) 음악을 추구했다. 무조성과 12음 기법 등의 현대적 음악 요소 사이에서 그의 음악은 타임머신을 거꾸로 돌려 과거로 가는 듯 보였다.

바흐 전문가로 유명한 피아니스트 글렌 굴드(1945~1982)는 라흐마니노프의 음악이 살롱 음악* 같다며 폄하했고, 진보적인 성향의 인물들은 이전의 작곡과 다른 게 하나도 없다고 무시했다. 라흐마니노프 연주로 유명한 피아니스트 스뱌토슬라프 리흐테르조차도 피아니스트 마리아 유디나가 자신을 가리켜 "그는 라흐마니노프가 어울리는 피아니스트"라고 했다는 말을 듣고, 비꼬는 말 같아 싫어했다고 한다.

그만큼 진보 성향의 작곡가들 눈에 라흐마니노프의 음악은 현대적이지 못한 고리타분한 것으로 인식되었다. 라흐마니노프의 활동 시기에는 인상주의 사조도 겹쳐 있었고, 음악원 동기이자 경쟁자였던 스크리아빈(1872~1915)이 무조성**을 향해 가는 신비화음을 사용했던 것만 봐도 라흐마니노프 음악은 시대에 뒤떨어져 보인다. 게다가 이 시기에는 재즈가 탄생했고, 조지 거슈윈이 했던 것처럼 클래식에 재즈를 결합한 독특한 영역의 음악도 탄생했다.

* 객실이나 레스토랑에서 연주되는 평이한 내용의 음악
** 조성을 부정하는 음악 형태로 협화음과 불협화음의 전통적 화성 개념도 거부했다.

 네 인생에 클래식이 있길 바래

라흐마니노프가 활동했던 당시 유명한 러시아 작곡가로는 이고르 스트라빈스키, 세르게이 프로코피에프(1891~1953), 쇼스타코비치(1906~1975) 등이 있는데 모두 라흐마니노프와는 결이 다르다. 라흐마니노프 음악은 음도 많고 음악적 구성도 길다. 이런 이유로 20대 중반에 야심차게 첫 교향곡을 발표했을 때 '아무것도 들을 게 없는 음악'이라는 비난을 받기도 했다. 라흐마니노프 스스로도 중반부의 장황한 전개가 콤플렉스였다. 라흐마니노프는 급기야 우울증에 시달려 3년 정도 칩거하다가 정신과 의사의 도움으로 재기한다. **라흐마니노프 피아노 협주곡 2번**의 성공은 교향곡 1번의 실패가 부른 멋진 반전이었다.

한편 그는 러시아 혁명(1917)이 일어난 뒤 미국으로 이주한다. 비록 미국에서는 피아니스트가 아닌 작곡가로서는 인정받지 못했지만, 그는 음악에 대한 영감으로 많은 명곡을 작곡하고 또 직접 연주하고 지휘까지 했던 진정한 비르투오소 virtuoso·였다. 45년간은 고국 러시아에서 25년간은 타향 미국에서 살던 그는 1943년 70세에 암으로 세상을 떠난다.

라흐마니노프는 피아니스트로서의 성공비결을 이렇게 정의하곤 했다. "나는 연주가 그날그날 다양성을 보인다는 사실을 알고 있다. 피아니스트는 누구든 하나의 곡을 천 번 연주해보고, 천 번 경험을 통해 듣고, 비교하고, 판단해야 한다."

· 이탈리아어로 '덕이 있는'이라는 뜻으로 탁월한 예술적 능력을 가진 사람을 말한다.

라흐마니노프,
피아노 협주곡 3번 라단조 Op.30

유튜브 검색어 
Rachmaninoff, Piano Concerto No.3 in D Minor Op.30

세르게이 라흐마니노프의 피아노 협주곡 3번은 그가 1909년, 러시아 별장에서 미국 데뷔를 위해 작곡했던 곡이다. 타국에서 자기를 입증해야 하는 상황이라 굉장히 스펙터클한 선율로 작곡했다. 처음 이 곡을 요제프 호프만이라는 유명 피아니스트에게 선물했지만 어렵다고 거절했던 것만 보아도 굉장히 고난위도의 곡임을 알 수 있다. 피아니스트 사이에선 "라흐마니노프 피아노 협주곡 3번 칠 수 있어, 없어?"라는 질문이 실력의 우열을 평가하는 척도가 되기도 한다. 이 곡으로 인해 라흐마니노프는 미국에서 피아니스트로서 굳건히 자리매김을 한다.

전체 3악장 구성으로 1악장은 오케스트라의 긴 반주 없이 바로 시작되고 약 17분 정도 이어진다. 보통의 피아노 협주곡에서는 1악장이 엄청난 볼륨의 포르테(강하게)로 끝나는데, 라흐마니노프 피아노 협주곡 3번은 잔잔히 사라지듯 피아노(여리게) 연주로 끝난다. 이때 처음에 등장한 주 멜로디가 다시 그대로 반복된다. 때문에 이 곡을 처음 듣는 경우라면 첫 주제만 잘 들어도 곡을 기억할 수 있다. 리스닝 포인트인 셈이다.

라흐마니노프 피아노 협주곡 3번은 비운의 천재 피아니스트 데이비드 헬프갓의 이야기를 담은 영화《샤인》에서도 등장한다. 데이비드 헬프갓이 연주를 하다가 정신을 잃고 혼절하는 장면에 이 곡이 흐르는데, 실제로 이 곡은 테크닉이 부족하고 힘이 없으면 연주하기 힘들다. 또한 유명 피아노 콩쿠르의 마지막 라운드에 꼭 연주되는 곡이기도 하다. 2011년 차이콥스키 콩쿠르 2위에 입상한 손열음도, 3위에 입상한 조성진도 이 곡을 연주했으며 2017년 반 클라이번 콩쿠르에서 우승한 피아니스트 선우예권도, 2022년에 1등을 거머쥔 18세의 임윤찬도 이 곡을 연주했다.

〈보칼리제〉 Op.34 No.14

유튜브 검색어

Rachmaninoff, Vocalise Op.34 No.14 

〈보칼리제〉는 원래 테너나 소프라노 성악가들의 발성용 연습곡^{Etude}으로 작곡되었다. "아~~", "어~~" 또는 "음~~" 등 어느 한 모음으로 계속 부르는 곡이다. 라흐마니노프는 주로 기악음악을 작곡했지만 러시아 선율의 아름다움을 즐기기도 했다.

보칼리제^{Vocalise}에서 'Vocal'은 모음이라는 뜻이고, '~ise'는 '…의 조건'이나 '…의 기능'을 뜻하는 접미사다. 그래서 보칼리제란 '모음으로 이루어진 또는 모음의 성질을 지닌' 정도로 해석한다.

이 곡은 라흐마니노프가 작곡한 14개의 가곡집 Op.34에 맨 마지막 14번째 곡으로 수록되었다. 다른 13개 곡에는 러시아어 가사가 있지만 14번째 곡인 〈보칼리제〉는 가사 없이 모음뿐이다. 연습곡으로 작곡되었지만 이렇게 사랑을 받을 줄은 본인도 몰랐으리라.

⟨파가니니 주제에 의한 랩소디⟩
Op.43 중 18변주

유튜브 검색어 

Rachmaninoff, Rhapsody on a Theme of Paganini
Op.43 Variation 18

파가니니의 독주 바이올린 카프리스 Op.1에서 가져온 주제로 작곡된 랩소디다. 랩소디^{rhapsody}는 일반적으로 형식이나 내용면에서 비교적 자유로운 환상곡풍의 기악곡을 말한다. 일정한 형식을 따르기보다는 작곡가가 느끼는 대로 자유로운 형식으로 펼쳐나가는 것이 특징이다. 우리말로는 광시곡^{狂詩曲}이라고도 한다.

카프리스^{Capries}는 카프리치오라고도 하는데 이탈리아어로 '변덕', '공상'이라는 뜻이다. 대체로 형식이 자유로우며 활기차고 기교적인 성격을 지닌 음악을 가리킨다. 변덕이라는 뜻답게 곡의 화성이나 리듬, 빠르기가 자주 변해서 연주하기가 매우 힘들다.

파가니니 카프리스 1번의 주제를 이용한 이 랩소디는 24개의 변주곡 형식으로 나뉘어 있고 그중 18번째 변주가 대중에게 가장 사랑받는 곡이다.

fine

4장

인생과 클래식은 닮아 있다

_일과 성공에 대하여

하고 싶은 마음과 해야 하는 마음 사이

내가 클래식 강의를 하면서 만났던 많은 분들이 공통적으로 했던 이야기가 있다. 바로 "이렇게 좋은데 그땐 왜 그렇게 어렵고 싫었는지 모르겠어요"라는 말이다. 학교 교과시간에 음악을 즐겼던 기억이 없고, 암기에만 급급했기에 뒤돌아서면 모두 잊어버렸다고 했다. 암호 같은 제목에 작곡가 이름도 어려워서 더욱 그랬을 것이다. 이제는 마음에 여유가 생기니 들리지 않던 음악이 들리기 시작했고 누가 강요하지 않아도 찾아 듣게 된다고 했다.

인생에는 우리가 누릴 수 있는 참 근사한 것들이 많다. 나는 그 대표적인 것이 독서와 클래식 음악이라고 생각한다. 누군가의 농축된 지혜를 손쉽게 얻을 수 있는 수단이며 장소와 시간을

　　　　네 인생에 클래식이 있길 바래

불문하고 즐길 수 있는 장점도 있다. 그런데 이것들을 해야 하는 숙제라고만 생각하니 재미가 없어지는 것이다. 보통의 사람들이 클래식 음악을 처음 접하는 시기가 학창 시절이다 보니 필연적으로 숙제나 공부처럼 대하게 되는 것이 안타까울 뿐이다.

나에게도 마음의 여유가 없어 괴로웠던 시절이 있다. 이루고 싶은 목표와 내가 지닌 실력의 차이에서 좌절했던 시간이다. 당시 나는 연주 실력이 상당했던 선배가 라흐마니노프의 《악흥의 순간》을 연주하는 모습을 보고 황홀감에 사로잡혔고 나도 이 곡을 꼭 연주하고야 말겠다는 의지에 불탔다. 선배의 연주는 쉬워 보였고 조금만 연습하면 나도 할 수 있을 것 같았다. 하지만 내 손가락은 라흐마니노프의 손처럼 혹은 선배의 손처럼 움직이지 않았다.

라흐마니노프의 손은 도에서 다음 옥타브 솔까지, 13도를 짚을 정도로 엄청나게 컸다. 기다란 양손 사이로 폭포가 쏟아지듯 음들이 쏟아지며 숨 쉴 틈을 주지 않는 것이 《악흥의 순간》의 특징이다. 듣는 이는 음들의 융단폭격 사이 감정의 고조를 느끼는데, 안타깝게도 나는 듣는 이가 감정의 고조를 느끼기 전에 연주를 하는 내가 먼저 흥분하곤 했다. 연습이 계속될수록 나의 한계를 마주했고 《악흥의 순간》이 넘지 못할 에베레스트 산처럼 느껴져서 악보를 쳐다보기도 싫어졌다. 처음에는 하고 싶다는 자발적인 마음으로 시작했지만, 점차 해야 한다는 마음이 강해지자 지쳐 나가떨어졌다.

아마 너에게도 비슷한 경험이 있을 것이다. 이를테면 축구를 잘하는 친구를 보고 금방 골대에 슛을 쏠 수 있을 거라고 생각했지만, 생각만큼 안 된 적처럼 말이다. 축구를 잘하기 위해서는 달리기를 잘해야 하고 드리블 실력도 있어야 한다. 튼튼히 다져놓은 기초체력이 있을 때 가능한 일인데 모두 건너뛰고 결과만 빨리 얻고 싶었기 때문에 실패했던 것이다. 비단 축구뿐만이 아니라 춤도 그림도 공부도 마찬가지다. 시간을 들여 기초를 다지지 않은 채 잘하기란 불가능하다. 이렇게 보면 인생은 하고 싶은 마음과 해야 하는 마음 사이 중심을 잘 잡는 일인 것 같다. 어릴 때부터 악기를 했던 친구들 중에는 이젠 음악과 전혀 관계없는 일을 하며 살고 싶다고 말하는 이들이 꽤 있다. 유학까지 다녀와서 음악을 그만둔 이들도 종종 본다. 음악이 싫어졌다기보다 애증의 마음이 커져서일 것이다. 어릴 때부터 의무감으로 해온 연습에 지쳐 즐겁기보다는 괴롭기 때문일 것이다.

네가 클래식 음악을 듣는 일에 부담을 느끼지 않았으면 한다. 내가 피아니스트에 클래식 대중강사라고 해서 너도 클래식에 조예가 있었으면 하고 바라지 않는다. 너에게 클래식을 권하는 이유는 클래식이 주는 행복을 누렸으면 하는 마음, 오직 그것뿐이다. 급하지 않게 차근차근, 인생의 파도에 맞추어 클래식의 선율 사이를 자유롭게 항해했으면 한다.

 네 인생에 클래식이 있길 바래

라흐마니노프,
《악흥의 순간》 Op.16

유튜브 검색어 

Rachmaninoff, Moments Musicaux Op.16

모두 여섯 곡으로 구성되어 있는 이 모음집은 마치 한 편의 로맨스 영화를 보는 것처럼 1번부터 아주 느리고 서정적인 멜로디로 듣는 이를 유혹한다. 2번에서는 무수히 많은 반음계들이 쉬지 않고 이어진다. 작곡가인 라흐마니노프가 굉장히 좋아했던 곡으로 알려져 있다. 3번은 아주 음울하고, 4번은 사람들의 정신을 쏙 빼놓을 정도로 기교가 화려하다. 내가 연주하려고 시도했던 것도 바로 4번이다. 5번은 감상적인 뱃노래 풍이고, 마지막 6번은 대미를 장식하는 곡답게 양손이 옥타브로 연주되며 화려하고 강하게 끝을 맺는다.

재미있는 점은 이 곡이 작곡된 경위다. 20대 초반의 라흐마니노프의 삶은 곤궁하기 이를 데 없었다. 그는 1896년 가을, 전 재산에 가까운 돈을 들고 기차에 올랐다가 지갑을 통째로 도둑맞고 만다. 당장 돈은 없고 생계를 이어가야 했기에 급하게 작곡한 곡이《악흥의 순간》이다. 곡을 쓰기 전, 친구이자 작곡가인 알렉산드로 자타예비치에게 쓴 편지의 한 구절을 보면 절실했던 그의 상황이 짐작된다. "끊임없는 경제적 압박의 상황은 때로 유용하기도 해. 12월 20일까지 여섯 개의 피아노곡을 다 마무리지어야 하거든."

생계에 쫓겨 울며 겨자 먹기로 작곡한 곡이지만, 이 곡들의 뛰어난 음악성을 생각해보면 그가 범인들과는 다른 천재적 인물임이 더욱 자명해진다. 천재가 아닌 우리 범인들은 하기 싫은 마음을 잘 억누르고, 해야 하는 마음을 다독이며, 하고 싶은 마음을 잃지 않으며 살아가는 수밖에 없을 것이다.

fine

위대한 작곡가도 수많은 실패를 했다

전 세계 오페라 순위 다섯손가락 안에 드는 《카르멘》은 프랑스 작곡가 조르주 비제(1838~1875)가 작곡했다. 비제는 열 살 때부터 파리 음악원에서 두각을 나타낸 천재였다. 프랑스의 국가 장학금인 로마대상을 거머쥔 인물로 지금으로 치면 국제 콩쿠르에서 수상을 한 것과 같다. 놀랍게도 이런 천재에게도 실패에 괴로워한 시절이 있다.

《카르멘》은 1820년 스페인이 배경이고, 많은 남자를 유혹하며 자유롭게 살았던 팜므파탈인 카르멘을 주인공으로 한 오페라다. 집시라는 하층민의 삶을 적나라하게 드러내는 내용과 기존의 도덕적 잣대를 뛰어넘는 캐릭터 때문에 초연 당시 많은 사람들의 비난과 조롱을 받았다. 심지어 관객들은 무대에 토마토를 던지기도 했다. 이 무대의 충격으로 인한 것일까? 초연 3개월 뒤 비제는 급성 심근경색으로 죽는다. 실패도 성공도 인생의 한 부분일 뿐인데 건강까지 해쳐가며 스트레스를 받은 조르주 비제를 보면 안타깝다. 실제로 그는 완벽주의자 성향이 있어 작곡한 곡이 마음에 들지 않으면 모조리 찢어서 버렸기에 후대에 전해지는 음악이 많지 않다.

실패를 경험한 또 다른 작곡가도 있다. 서양 오페라 역사에서 핵심적인 인물인 자코모 푸치니(1858~1924, 이탈리아)다. 그는 오페라에 가장 최적화된 작곡가라고 할 만큼 극음악이 어울리는 사람이었지만, 초연부터 성공한 것은 아니다.

푸치니는 대대로 음악가 집안에서 태어났다. 일찍 아버지를 여의었기에 가세가 기울어 음악가로서 반드시 성공해야 한다는 사명이 있었다. 베르디의 오페라《아이다》에 감격한 그는 오페라 작곡가로서 입신하기로 결심하고, 16세에 루카 음악원에 입학하면서 음악에 매진한다. 이후 1880년 28세에 밀라노 음악원에 입학했고, 밀라노에서의 가난한 학생 시절을 그린 오페라《라 보엠》이 초연되면서 이름을 알린다. 이어 오페라《라 토스카》,《나비 부인》을 발표했는데, 어느 것이나 초연의 평판은 그다지 좋지 않았다. 특히 나비라고 불렸던 일본인 게이샤의 비극적인 사랑 이야기를 담은《나비 부인》은 스토리가 진부하다는 이유로 심한 야유를 받았다. 이야기가 서양인의 정서상 받아들이기에 낯설었던 것도 한몫했을 것이다. 하지만 푸치니는

　　　　네 인생에 클래식이 있길 바래

이 대본을 아주 만족스러워했고, 초연의 실패를 만회하려고 대대적인 수정 작업에 들어간다. 그리고 3개월 뒤 성공을 거둔다. 그 뒤로도 여러 번의 개정을 거쳤고 현재 공연되는 것은 다섯 번째 개정본이다.

나는 네가 겪은 실패를 인생 전체로 확대 해석하지 않았으면 한다. 실패에 상반된 반응을 보인 조르주 비제와 자코모 푸치니의 모습에서 보듯, 실패했다는 사실보다 중요한 것은 실패를 어떻게 받아들이냐는 것이다. 흔히 실패는 성공의 어머니라고 한다. 나는 반은 맞고 반은 틀리다고 생각한다. 실패의 원인을 찾고 적극적으로 수정하려는 태도가 없다면 실패는 또 다른 실패를 부를 뿐이다. 부디 네가 한 번의 실패에 기죽지 않고 마치 푸치니처럼 실패에서 성공의 실마리를 찾길 바란다. 성공과 실패는 언제나 동전의 양면처럼 공존한다는 사실을 잊지 않아야 한다.

천재들의 이야기 말고 평범한 내 이야기도 해볼까? 최고전문연주자 Konzerexamen 과정 첫 학기에 했던 연주회는 아직도 기억에 생생하다. **바흐의 파르티타 1번**을 첫 연주회에 올리기로 하고 열심히 연습했다. 오랜 시간 공을 들여 연습했기에 충분히 잘할 수 있을 거라고 믿었는데 무대 위 결과는 처참했다. 어떻게 한 번도 연습하지 않은 사람처럼 손가락이 멈추어버린 것인지! 보통 때라면 의연하게 다음을 이어갔을 텐데, 그날은 손가락이 굳어 아무것도 할 수 없었다. 나는 고속도로 한가운데서 멈추어버린 차를 버리고 도망치는 운전자처럼 무대에서 뛰어내려 왔다. 무대는 한순간 지옥으로 변한 듯했다.

나는 그 뒤로 며칠을 피아노 근처에 가지도 않고 심한 자책을 했다. 그날의 공기와 분위기, 교수님의 얼굴이 잊히지 않았다. 이날의 실패와 상관없는 과거의 실패와 실수까지 한꺼번에 찾아와서 나를 실패자라고 힐난했다. 음악을 시작한 것을 후회했음은 물론이다. 이 사태를 어디서부터 해결해야 할지 가늠조차 되지 않았다.

시간이 지나고 돌이켜보니 한 번의 실패, 어쩌면 실수에 불과한 그 일에 왜 그렇게 많은 의미를 부여했는지 모르겠다. 얼마 전 20여 년 만에 한국에 연주 차 오신 당시 교수님과 그날의 연주에 대해 대화할 기회가 있었다. 교수님은 이렇게 말했다. "그런 잊지 못할 경험 때문에 계속 열심히 하게 되는 거지. 누군가에겐 트라우마로 남아 발목을 잡기도 하지만, 누군가에겐 절대 반복하지 않기 위한 지표가 되기도 하니까."

실제로 나는 아직도 어떤 일이 마음처럼 진행되지 않을 때는 파르티타 1번을 연주했던 때를 떠올린다. 그 순간 어리석었던 나, 도망치고 괴로워했던 나를 떠올리며 널뛰는 마음을 다잡거나 게으른 나를 채찍질하곤 한다. "이미 엎질러진 물이다"라는 말이 있다. 영어로는 "Don't cry over the spilt milk"로 직역하면 '엎질러진 물 때문에 울지 마세요'라는 뜻이다. 요즘에는 이 말이 조금 나아가 "엎질러진 물은 열심히 닦으면 됩니다"라고 쓰

     네 인생에 클래식이 있길 바래

이는 것도 보았다. 엎질러진 물을 겸허히 바라보는 일은 자책과 자기 비난을 하지 않고 실수나 실패를 깨끗이 인정하는 자세다. 그래야 그다음의 걸음도 힘차게 내디딜 수 있음은 당연한 일이다. 내가 파르티타 1번을 떠올리듯 너 역시 실패를 징검돌 삼아 나아갈 수 있기를 바란다.

비제,
오페라 《카르멘》 중 〈하바네라〉

유튜브 검색어 

Bizet, Carmen Habanera

4막으로 구성된 오페라 《카르멘》은 1875년 3월에 초연되었다. 1820년 스페인을 배경으로 하는 이 오페라에서 가장 유명한 아리아는 여자 주인공 카르멘이 부르는 〈하바네라〉다. 하바네라는 쿠바의 수도인 '하바나에서 추는 춤'이라는 뜻으로 춤곡을 말한다. 대개 오페라의 여자 주인공은 소프라노인데, 이 작품은 특이하게도 메조 소프라노가 주인공이다.

사랑은 자유로운 새와 같고, 나는 누구든지 자유롭게 사랑할 것이며, 내가 사랑하는 남자는 모두 나를 사랑하게 될 것

 네 인생에 클래식이 있길 바래

이라는 당찬 내용을 담고 있다. 자신을 거들떠보지도 않았던 청년 돈 호세 앞에서 카르멘이 빨간 드레스를 입고 정열 가득한 눈빛으로 유혹하는 장면에서 흐르는 노래다.

푸치니,
오페라 《나비 부인》 중 〈어느 갠 날〉

Puccini, Madama Butterfly Un bel dì vedremo

이 음악은 오페라 《나비 부인》의 주인공 초초상의 대표적인 아리아로 2막 1장에 나온다. 《나비 부인》은 동명의 장편 소설 『나비 부인』을 원작으로 한다. 일본에 파견된 미국인 해

군 장교 핀커턴과 그를 사랑했던 지고지순한 일본 여인 초초
상의 이야기를 담고 있다. 사랑을 약속하고 떠났던 핀커턴은
다른 여자와 결혼을 하고, 이 사실을 모르는 초초는 2막에서
〈어느 갠 날〉이라는 노래를 부르며 여전히 그를 기다린다.
어느 갠 날에 수평선 너머로 배가 나타나면 자신이 사랑하는
남자가 다가와 그가 처음 붙여주었던 '나비'라는 이름을 부
르며 자신을 찾는다는 내용의 가사다. 후에 미국에 있던 핀
커턴은 초초가 아이를 낳았다는 소식을 접하고 그 아들만 입
양하기 위해 일본 나가사키를 찾는다. 절망한 초초는 아들을
양보한 뒤 혼자 자결한다. 지금으로써는 이해하기 어려운 상
황이지만 당시엔 현지처를 두는 미군이 많았다.

바흐,
파르티타 1번 내림 나장조 BWV.825

바흐의 마지막 주거지였던 라이프치히에서 작곡된 곡이
다. 그는 1726년부터 건반악기 연습곡이라는 제목으로 묶

음집을 여러 권 발표했는데 이 파르티타는 1권에 해당한다. BWV(바흐 작품목록) 825로 이탈리아와 프랑스풍의 춤곡을 모은 곡이다.

총 여섯 악장으로 이루어져 있고 도입 악장인 프렐루디움 Praeludium은 은은하고 조용하게 시작한다. 두 번째 알르망드 Allemande는 보통 빠르기의 2박자 곡이고, 세 번째 코렌테 Corrente 는 셋잇단음표로 구성된 3박자의 조금 빠른 곡이다. 네 번째 사라방드 Saranbande는 유일하게 느린 서정적인 곡이다. 그리고 다섯 번째인 궁정풍의 미뉴에트 Minuet와 마지막을 화려하게 장식하는 여섯 번째 악장 지그 gigue로 구성되어 있다.

여기서 프렐루디움, 알르망드, 코렌테, 사라방드, 미뉴에 트, 지그는 모두 춤곡풍의 곡을 말한다. 내가 연주회에서 머 릿속의 회로가 꼬였던 부분은 바로 코렌테다. 기분 좋게 잘 나가다가 갑자기 손가락이 엉키기 시작하더니 급기야 달리 던 내리막길에서 넘어진 사람처럼 손가락이 주저앉아 버렸 다. 아마도 머릿속에 잘하고 싶다는 욕심이 들어가면서 악보 가 뒤엉켰던 것 같다. 지금은 나를 채찍질하는 좋은 도구이 자 기억되었다.

fine

인생은 변주곡이다

변주곡은 짧은 주제가 반복되기에 음악의 흐름을 따라가며 기억하기 쉽다. 클래식 입문자에게 가장 추천하는 장르이기도 하다. 변주곡은 하나의 주제로 음악의 가장 중요한 세 가지 요소인 리듬, 가락, 화성을 변화시켜 만든다. 모데라토(보통빠르기)로 시작했다가 급속도로 긴장감이 느껴지는 비바체(아주 빠르게)로 바뀌고, 다시 한숨을 고르는 안단테(느리게)로 변하기도 한다. 또한 조금씩 변화하지만 전체적으로는 통일감을 잃지 않는 것이 변주곡의 특징이다. 오른손에 등장했던 주제가 다음 변주에서는 왼손의 베이스에서 등장하기도 하고, 거울 모양으로 주제를 뒤집어서 마치 데칼코마니처럼 전환되어 흐르기도 한다. 악보를 놓고 숨은 그림 찾기를 하듯 들여다보고 다른 점을 찾아

내는 것도 변주곡을 감상하는 재미있는 포인트다.

변주를 하는 방식은 작곡가마다 다양하다. 인근음˙으로 잔잔하게 진행되다가 갑자기 검은 건반의 반음들이 불협화음으로 끼어들기도 하고, 장조가 단조로 바뀌기도 하며, 음표들을 강조하기 위해 쉼표를 사용하기도 한다. 꼭 변주곡이 아니더라도 모든 음악의 형태에 있어 변주는 필수다. 주제를 발전시키면서 변화하지 않는 음악은 하나도 없다.

우리에게 익숙한 변주곡으로는 모차르트의 〈아, 어머니께 말씀드리죠〉 주제에 의한 변주곡이나, 주제를 일관되게 끌고 가는 조지 윈스턴의 〈캐논 주제에 의한 변주곡〉 또는 명곡집에 등장하는 〈소녀의 기도〉가 있다. 〈소녀의 기도〉는 한 가지 주제를 가지고 주제음에 트릴(장식음)을 붙여, 비슷한 듯 다르게 들리는 매력이 있다.

이렇게 보면 변주곡은 매번 비슷하면서도 하루도 같은 날이 없는 인생과 비슷한 것 같다. 우울한 단조의 음악이 밝고 경쾌한 장조로 변주되고, 장조의 음악에 갑자기 단조가 끼어드는 변주곡을 들으며 변화무쌍한 인생을 낙관해보면 어떨까? 인생에 슬픈 일과 기쁜 일이 공존하기 마련이라는 사실을 깨달으면 작은 변화에 일희일비하지 않고 살아갈 수 있다. 네가 매일을 대하는 마음이 조금 더 편안해질 것이다.

˙ 이를테면 미에서 파, 솔과 같이 위아래 흰 건반의 음

독일의 작곡가 슈만의 작품번호 첫 번째 음악은 〈아베크 변주곡〉이고, 그가 라인강에 투신하기 직전에 마지막으로 작곡한 곡도 〈유령변주곡〉이라는 변주곡이다. 왜 슈만은 자기 음악세계의 처음과 끝을 변주곡으로 채웠을까? 아마 슈만도 변주곡이 인생과 닮았다고 생각을 했던 걸까?

슈만의 작품 중 13번째로 출판된 〈교향적 연습곡〉 역시 제목에 연습곡이 들어가 있지만 형식을 따져보면 변주곡이다. 처음은 아주 무겁고 장중하게 검은 건반 여섯 음을 동시에 누르며 올림 다단조로 시작하고, 끝은 웅장한 피날레로 내림 라장조로 마친다. 누구보다도 인생에 질풍노도가 많았던 슈만이 자신의 희로애락을 한 곡에 모두 담은 듯하다. 처음부터 끝까지 끊기는 느낌 없이 20여 분 동안 이어지는 이 곡을 연주하면서 나는 절망에서 희망으로, 슬픔에서 기쁨으로, 실패에서 성공으로 변모하고 싶어 했던 슈만을 온전히 느꼈다.

변주곡은 전체 길이가 짧은 변주도 있고 긴 변주도 있다. 보통은 주제와 분리되어 변주 1, 변주 2와 같은 식으로 번호가 붙는데, 짧게는 〈아베크 변주곡〉처럼 세 개의 변주로 구성된다. 길게는 바흐의 〈**골드베르크 변주곡**〉처럼 30개, 더 길게는 베토벤의 〈**디아벨리 변주곡**〉처럼 33개의 변주로 구성된 곡도 있다. 작곡가가 꼭 전달하고 싶은 말을 형태를 바꾸어가며 계속 들려주는 것이다.

변주곡과 비슷한 형식으로는 론도가 있다. 론도는 A라는 주제 사이사이 B, C 등의 변수가 등장했다가 다시 A로 마무리되는 음악 형식을 말한다. A-B-A-C-A처럼 변화가 있지만 끝은 다시 A로 돌아와서 끝난다. 베토벤의 〈엘리제를 위하여〉가 대표적인 론도 형식의 곡이다.

클래식을 듣다 보면 우연치 않게도 인생의 본질을 마주할 때가 있다. 내가 슬픔에 빠져 있을 때 변주곡을 들으며 '이 일만 지나가면 곧 좋은 일이 생길 거야'라고 스스로 되뇌였던 청춘의 시간을 떠올리며 너에게도 변주곡을 권한다. 장조와 단조, 알레그로와 안단테, 비바체(더 빠르게)와 렌토(더 느리게), 검은 건반과 흰 건반으로 변주되는 변주곡처럼 인생도 슬픔과 기쁨, 환희와 절망, 성공과 실패가 반복될 때 좀 더 사는 재미가 있는 것 아닐까?

슈만,
〈아베크 변주곡〉 바장조 Op.1

슈만은 1829년인 19세부터 당대 유명한 교육자인 비크 선생에게 피아노를 배우면서, 1830년 자신의 첫 작품 〈아베크 변주곡〉을 발표했다. 그전에도 습작으로 몇 곡을 작곡하긴 했지만 정식으로 출판한 곡은 이 곡이 처음이다. 〈아베크 변주곡〉은 주제와 세 개의 변주 그리고 칸타빌레, 피날레로 구성되어 있다.

곡명에 쓰인 아베크는 사람 이름으로, 슈만의 상상으로 만들어진 여성인 메타 아베크Meta Abegg라고 전해진다. 이 곡은 8분 정도 되는 짧은 곡이지만 전형적인 슈만의 작곡법

〈아베크 변주곡〉에서 ABE GG 음계가 등장하는 악보의 일부

이 고스란히 드러난다. 아베크의 이름을 그대로 딴 음계 'ABEGG'가 곡 안에 자주 등장하는 것이다. 이런 식으로 슈만의 작품은 유난히 제목이 붙은 표제음악이 많다.

슈만의 작품은 대부분 피아노 독주곡과 가곡으로 Op.23까지의 초기 작품은 모두 피아노곡이다. 아마 손가락 부상으로 포기해야 했던 피아니스트의 꿈을 버리지 못했기 때문이 아닐까 싶다.

〈유령 변주곡〉 내림 마장조 WoO.24

Schumann, Theme and Variations in E-Flat
Major WoO.24 Ghost Variations

슈만은 1834년 에르네스티네와 약혼했지만 다음 해 갑자기 헤어졌고 이후 비크 선생 집에서 클라라 슈만(1819~1896)을 만나면서 사랑에 빠졌다. 그리고 이 곡은 클라라가 죽고 43년이 지난 1939년에 〈유령 변주곡〉이라는 제목으로 출판되었다. 〈유령 변주곡〉은 내림 마장조로 주제와 다섯 개의

•　B는 '내림 시'를 말하는데, 독일어로는 B플랫 대신 B로 표기한다.

변주로 구성되어 있는데, 마지막 5번 변주곡을 빼고는 모두 조성의 변화만 있다. 슈만 사후에 출판되었기 때문에 작품번호가 없는 카테고리로 분류되어 WoO.24로 표기한다. WoO는 독일어 'Werk ohne Opus'의 줄임말로 작품번호가 없는 작품이라는 뜻이다.

제목에 유령이 들어가서 무섭고 으스스한 곡이 아닐까 생각할 수도 있지만, 사실 귀신이라기보다 영감을 주는 천사를 지칭한다. 천사가 슈만에게 멜로디를 들려주어 그걸 그대로 악보에 옮겼다는 에피소드에 착안해 붙인 제목이다.

슈만은 정신분열증으로 힘든 삶을 살았다. 집안 대대로 유전처럼 내려오는 분열증세가 있었는데 클라라와 결혼 후 말년에 병이 도져서 힘겨워했다. 슈만은 자신의 외향성에 플로레스탄이라는 이름을 붙이고, 내향성에는 오이제비우스라는 이름을 붙여 실생활에서도 이 이름을 사용할 정도였다. 흔히 아는 지킬박사와 하이드와 같은 것이라고 하면 더 이해가 쉬울 것이다. 이명과 환청에 시달렸던 슈만이 생의 가장 마지막에 작곡한 이 곡은 이미 오래전 자신의 다른 작품에 사용했던 멜로디를 다시 반복해 사용한 것이다. **슈만의 바이올린 협주곡 2악장**을 듣고 이 작품을 들어보길 바란다.

fine

　　　　네 인생에 클래식이 있길 바래

헨델처럼 승부사가 되어야 할 때도 있다

나는 혼자 노력해서 결과를 만들어내는 일만 반평생을 해왔다. 대부분 결과가 예측되는 일이었다. 피아노 연습, 공부, 책을 쓰는 일 등은 적금을 붓듯이 차근차근 성실히 하면 웬만큼은 성과를 낼 수 있었다.

음악가에 비유하자면 나는 성실을 최고의 가치로 삼고 사는 작곡가 바흐 같은 유형의 사람이다. 그런데 인생을 살면서 승부사가 되어야 할 순간도 있다. 지금까지 나는 승부사가 아닌 모범생으로 지내도 그럭저럭 살 수 있었다만, 네가 사는 세상은 다를 것이다. 하루에도 몇 십 개의 직업이 사라지고 몇 백 개의 직업이 탄생하기에 승부사의 기질, 즉 도전 정신이 꼭 필요할 것이다.

내가 너의 부모이자 어른이 되어보니 승부사 기질을 발휘하지 못해 제일 후회되는 것이 돈에 관한 일이다. 할아버지 할머니 역시 옛날 분이라 돈은 부모가 벌 테니, 자식은 오로지 공부만 잘하면 된다고 생각했다. 돈은 적당히만 있으면 되고, 돈이 많으면 오히려 욕심이 많아져 괴로워진다고 생각했다. 하지만 이제는 세상이 바뀌었다. 여유로운 삶을 누리는 데 돈은 꼭 필요한 요소일 뿐 아니라, 학력과 경제적인 부가 절대적으로 비례하지도 않는 세상이다.

헨델은 바흐와 같은 해인 1685년에 태어났다. 하지만 원대한 바흐와는 달리 돈이 되는 음악에 대한 본능적인 감각이 뛰어났다. 그는 음악만 작곡한 사람이 아니라 음악으로 사업을 했던 사람이다.

헨델은 독일 중부의 작은 도시에서 태어났다. 하지만 원대한 꿈이 있었다. 기악음악뿐만 아니라 돈이 되는 오페라로 성공하고자 했던 것이다. 이를테면 바흐는 평생을 궁정이나 교회에서 월급을 받는 음악가로 살았다면, 헨델은 대중 속으로 뛰어 들어 극장에서 일하는 음악가로 살았던 것이다. 오페라를 더 깊이 배우기 위해 오페라의 중심인 독일 함부르크 극장에서 일했고, 이탈리아에 머물면서는 피렌체, 베네치아, 로마에서 많은 음악가들과 교류했다. 또한 독일 하노버 궁정에서 일하다가 경제 상황이 좋은 영국으로 직장을 옮기기도 했다. 그는 언제나 행동했다. 당시 영국에는 돈 많은 재력가들이 많았고, 그들

 네 인생에 클래식이 있길 바래

은 음악을 위해서라면 기꺼이 지갑을 열었기에 헨델은 영국에서 오페라 《리날도》를 상연하면서 큰돈을 만진다. 하지만 인생이 어떻게 진행될지는 아무도 모르는 법이다. 영국에서 오페라 사업을 통해 승승장구하고 있던 시점에 등 돌리고 떠나온 독일의 게오르그 선제후*가 영국의 왕으로 등극하는 일이 일어난다. 그에게 다시 만난 선제후는 불편한 대상이었다.

헨델은 과거의 불편한 관계에서 벗어나기 위해 부단히 노력했고, 결국 조지 1세(1660~1727, 게오르그 선제후의 국왕 호칭)의 총애하는 음악가로 자리 잡는다. 그 후 조지 1세가 죽고 뒤를 이어 조지 2세(1683~1760)가 등극하는데, 즉위식이 2주밖에 남지 않은 상황에서 헨델은 《대관식 찬가》를 의뢰받는다. 조지 1세로 인해 돈독한 관계를 유지했던 영국 왕실이 내린 특혜였다. 대관식은 영국에서 가장 큰 행사고, 말 그대로 왕의 자리에 등극하는 사람에게 왕관을 씌어주는 의식이다. 여기서 잘하면 신임을 얻을 것이고 못하면 낙인이 찍힐 위험이 도사리고 있었다. 배짱이 두둑했던 헨델은 기회를 놓치지 않고 강렬한 멜로디로 조지 2세의 마음을 사로잡는다. 의뢰받은 지 2주 만에 작곡한 곡이라고 하기엔 너무도 훌륭했다. 웬만해선 시간이 너무 부족하다며 작곡을 포기했을 텐데 역시나 헨델은 운명을 걸고 시험하는 승부사임이 틀림없다.

* 선거권을 가진 제후라서 영향력이 크다.

　　헨델은 400년 전 사람이지만 그가 가진 돈에 관한 본능과 처세 능력 그리고 결정적인 순간을 포착하는 선구안은 현대의 우리에게도 전하는 메시지가 많다. 인생은 언제나 도전과 용기를 필요로 한다. 그 옛날 기차도, 비행기도 없던 시절에 독일에서 이탈리아로, 이탈리아에서 다시 독일로, 마지막엔 도버 해협을 건너 영국까지 온 유럽을 종횡무진 누비고 다녔던 헨델의 일생에서 도전 정신을 배워보도록 하자.

헨델,
《대관식 찬가》 HWV.258 중 〈제사장 사독〉

유튜브 검색어 

Handel, The coronation anthem, Zadok the Priest HWV.258

《대관식 찬가》는 모두 네 곡으로 구성되어 있다. 그중 첫 번째 곡 〈제사장 사독〉이 가장 유명하다. 구약성경의 열왕기(왕들의 업적을 기록한 책) 편에 '제사장 사독Sadoc이 선지자 나단Nathan과 함께 솔로몬 왕에게 기름을 부으니 왕과 백성이 기뻐한다'라고 쓰여 있는데, 이것을 그대로 옮겨 찬가의 가사로 사용했다. 《대관식 찬가》는 영국 왕실과 국민들의 사랑을 받으며 1727년 이후부터 지금까지 왕실의 중요한 행사에 빠지지 않고 사용되고 있다. 특히 유럽 축구 챔피언스리그의 오프닝 음악으로 자주 쓰였다. 우리나라에서는 주로 챔피언의 이미지를 표현하는 광고에 많이 쓰인다.

한편 대관식은 왕이 있는 나라에서만 행해지는 의식이기에 현존하는 국가 중 제대로 대관식을 치르는 나라는 영국이 유일하다. 실제로 2023년 5월 6일 런던의 웨스터민스터 사원에서는 40번째 대관식이 열렸는데, 향년 96세로 타계한 엘리자베스 2세 여왕 이후 70년 만에 장남 찰스 3세가 즉위했을 때다.

국왕 찰스 3세는 음악에 대한 애정이 깊어 이때 직접 음악을 고른 것으로 유명하다. 영국 음악가 윌리엄 버드의 미사곡부터 헨델의 《대관식 찬가》, 요한 슈트라우스의 춤곡 등 다양한 음악을 선곡했다. 대관식의 모든 절차가 끝나면 영국 국가 〈God Save the King〉이 연주된다.

fine

 네 인생에 클래식이 있길 바래

클래식에 악장이 있는 것처럼

클래식은 악장의 구분이 있는 곡과 악장 구분 없이 단악장인 곡으로 나뉜다. 독주악기를 위한 소나타와 오케스트라를 위한 교향곡은 대부분 3~4악장으로 구성되어 있다. 물론 현대 작품일수록 악장의 구분이 없거나 8~9악장 구성으로 자유로워지기도 한다.

사람마다 곡을 연습하는 방법은 다르지만 나는 새로운 피아노곡을 연습할 때 처음부터 끝까지 초견˙으로 대충 훑어본 후, 본능적으로 가장 마음이 끌리는 악장부터 손을 댄다. 특별히 끌리는 악장이 없으면 순서대로 1악장부터 연습한다.

˙ 연습 없이 악보를 처음 보고 연주하는 것

작곡가들이 곡을 만들 때도 마찬가지다. 순서대로 1악장부터 시작하기도 하지만, 2악장이나 3악장을 먼저 만들고 1악장과 끝악장을 완성시키기도 한다. 가곡의 왕이라 불리는 슈베르트도 순서대로 작곡하지 않고 끌리는 악장부터 작곡했다. 그는 여러 작품을 동시에 손을 댔던 작곡가로 유명한데 그래서 미완성으로 남은 곡도 많다.

한편 악장의 길이에 따라 연주할 때의 호흡도 달라진다. 달리기로 따지면 단거리인지, 장거리인지에 따라 호흡법이 다른 것과 같다. 긴 악장에서는 길고 잔잔한 호흡으로, 짧은 악장에서는 확실하게 하이라이트를 주는 마디에서 강하게 호흡해 연주한다. 때문에 연주자는 여러 악장이 있는 곡과 단악장 곡을 골고루 연주해보아야 다양한 호흡을 익힐 수 있다. 짧은 곡만 연주하면 절대 긴 곡을 연주하지 못하기에 짧은 곡을 연주하면서 실력이 나아지면 점점 긴 곡들을 연주해보는 것이 좋다. 이를테면 한 곡의 길이가 3분인 경우와 한 곡의 길이가 80분인 경우의 호흡법은 다르기 때문이다.

나는 얼마 전부터 운동을 하고자 복싱을 시작했다. 세계타이틀매치처럼 15라운드 경기는 언감생심이고, 3라운드만 뛰어도 소원이 없다. 1라운드가 3분 경기에 1분 휴식인데, 3분을 뛰는 게 그렇게 어렵다는 걸 처음 알았다. 선수들이 15라운드를 뛰려면 얼마나 피나는 노력과 훈련을 해야 하는지 깨닫고 나니 새삼 경외심이 든 것은 물론이다. 내게 그 1분의 휴식이 있어 얼마나 다행인지……. 아마 선수들도 링 위에서 라운드를 끝까지 뛸 수 있는 것은 그 잠깐의 휴식 덕일 것이다.

클래식에 악장이 있는 것도 연주자에게 숨을 고를 수 있는 시간적 여유와 음악적 흐름을 정리할 수 있는 기회를 주기 위함이다. 1악장을 호기롭게 시작했다가도 2악장, 3악장에서 정신이 혼미해져 흔들릴 때가 있는데, 악장의 구분이 있으면 잠시 쉬면서 정신을 가다듬고 다음을 준비할 수 있다.

언젠가는 이런 생각을 해보았다. 인생을 악장으로 구분한다면 1악장은 10대, 2악장은 20대, 3악장은 30대가 아닐까 하고 말이다. 대부분의 곡에서 2악장 선율이 가장 아름다운데 나는 그래서 마치 2악장이 20대를 표현하는 것처럼 느껴진다. 빠르고 활기찬 1악장으로 시작해서 느리고 아름다운 2악장으로 갔다가, 3악장에서는 가볍고 경쾌하게 음악이 진행된다. 그리고 4악장은 1악장의 주제가 다시 등장하기도 하고 완전히 새로운 주제로 화려하고 웅장하게 끝나기도 한다. 또는 아주 조용히 끝나는 경우도 있다. 젊을 때는 빠르고 웅장하고 화려하게 짠! 짠! 하고 끝나는 곡만 마음에 들었는데, 나이가 들면서는 사라지듯 조용히 끝나는 결말도 좋아하게 되었다.

지금까지 살아 보니 '인생은 끝까지 살아 보기 전까진 아무도 모른다'라는 말이 깊이 와닿는다. 매 악장마다 다른 음악이 펼쳐지는 클래식처럼 우리의 인생도 매 순간 다채롭다. 그러니 나는 네가 설령 인생의 1악장 첫 음을 누르는 것부터 실수했을지라도 포기하지 않고 마지막 음까지 당당히 누르길 바란다. 클래식에 악장이 있는 것처럼 인생은 우리에게 숨을 쉬고 재정비할 기회를 반드시 주기 마련이고, 아무리 연주하기 힘든 악장이라도 반드시 끝은 존재하기 때문이다. 하나의 악장이 닫히면 새로운 악장이 열리듯 네 인생에도 힘든 순간이 지나면 환희의 순간이 반드시 찾아올 것이다. 무대 위의 연주자는 실수하더라도 끝까지 연주하고 무대를 내려와야 한다. 그것이 관객에 대한 예의다. 그리고 우리의 인생도 그렇다.

 네 인생에 클래식이 있길 바래

움트는 10대를 떠올리게 하는

그리그, 피아노 협주곡 가단조 Op.16 1악장

유튜브 검색어 

Grieg, Piano Concerto in A minor Op.16-I

1악장 시작부터 들려오는 팀파니의 소리는 심장을 끓어오르게 한다. 이 곡은 노르웨이 작곡가 에드워드 그리그(1843~1907)가 25세에 작곡한 곡으로 청년의 패기가 고스란히 느껴진다. 그리그는 음악적으로 승승장구하던 시절, 고국 노르웨이의 협곡을 떠올리게 하는 격정적인 음악을 만들었다. 이 곡은 그가 작곡한 단 하나의 피아노 협주곡이면서, 그리그 하면 떠오르는 대표곡이다. 그리그 피아노 협주곡이 갖고 있는 또 하나의 큰 의미는 역사상 최초로 녹음된 피아노 협주곡이라는 것이다. 그 역사적 녹음은 1909년 독일의 거장 피아니스트 빌헬름 박하우스(1884~1969)에 의해 이루어졌다.

이 곡은 노르웨이 피아니스트 레이프 오베 안스네스(1970~)의 연주로 들어보길 권한다. 같은 노르웨이 사람이라 그런지 바이킹의 피가 흐르는 듯 과감하고 강렬한 연주가 인상적이다. 레이프 오베 안스네스는 우리가 알고 있는 러시아나 유럽의 유명 연주자들과 비교해볼 때 특이할 만한 콩쿠르 우승 경력을 갖고 있진 않다. 그는 "연주자는 콩쿠르보다 음반 작업을 통해 음악세계를 넓혀야 한다"라고 생각하는 사람 중 한 명이다. 그는 2012년부터 전 세계를 돌며 55개의 도시에서 베토벤 연주를 하고 녹음을 하는 것으로 유명하다. '베토벤 여행'이라는 프로젝트 아래 행해진 것으로 그의 베토벤 음악에 대한 깊은 탐구 정신이 드러난다.

내가 안스네스를 좋아하게 된 이유는 쇼팽이나 차이콥스키가 아닌 그리그 피아노 협주곡이라는 뜻밖의 곡을 너무나도 청명하고 깔끔하며 명료한 터치로 이어나간 기개 때문이다. 그 어떤 군더더기도 없이 부족하지도 더하지도 않는 딱 그만큼의 적정량의 볼륨과 단호함으로 음악을 이끌어갔다. 사람들에게 그리그 피아노 협주곡은 쇼팽이나 차이콥스키에 비해 다소 선호도가 떨어지는 곡이지만, 안스네스의 그리그 협주곡이라면 말이 달라진다.

그는 스펙터클한 공연을 기획해 호기심을 자아내기도 했다. 2008년에는 자신의 음악을 알리려는 방편으로 엄청나게 무거운 콘서트용 그랜드 피아노를 노르웨이의 하르당에르피오르 Hardangerfjord 산 정상으로 옮겨 연주했고, 2009년에는 무소륵스키의 《전람회의 그림》이라는 피아노 모음곡의 작곡 배경이 된 화가 하르트만의 〈전람회〉처럼 공연장 벽면을 분할하는 연출을 하기도 했다.

화려한 20대를 떠올리게 하는
라흐마니노프, 피아노 협주곡 2번 다단조 Op.18 2악장

유튜브 검색어 

Rachmaninoff, Piano Concerto No.2 in C Minor Op.18-Ⅱ

라흐마니노프 피아노 협주곡 2번은 전체 3악장으로 1악장은 모데라토(중간 빠르기로), 2악장은 아다지오 소스테누토(아주 느리며 서정적으로), 3악장은 알레그로 스케르잔도(빠르고 익살스럽게)의 구성으로 이루어져 있다. 작곡의 순서는 2악장, 3악장, 1악장 순이었다. 가장 먼저 작곡한 2악장이 사람들에게 가장 많은 사랑을 받는 걸 보면, 예술가의 번뜩이는 영감의 힘을 체감한다. 2악장은 세상에서 가장 아름다운 멜로디를 꼽으라면 꼭 포함될 정도로 감미로운 선율이 돋보인다. 눈 덮인 러시아의 광활한 대지가 연상되고, 연인들이 사랑의

밀어를 나누는 듯하다. 이 선율은 에릭 카멘과 셀린 디온이

부른 팝송 〈All by myself〉에 차용되기도 했다.

농익은 30대를 떠올리게 하는

쇼팽, 첼로 소나타 사단조
Op.65 3악장

쇼팽의 첼로 소나타 사단조는 첼리스트는 물론 피아니스트

들도 무척 좋아하는 곡이다. 쇼팽이 남긴 유일한 첼로 소나

타로, 친구였던 첼리스트 오귀스트 프랑솜과의 우정을 기억

하며 생전에 마지막으로 출판한 곡이다. 쇼팽은 폴란드에서

태어났지만 스무 살에 고국을 떠나 1831년 파리에 입성해서

프랑솜을 만났다. 프랑솜은 쇼팽에게 각별한 존재였다. 그는

친구이자 동료였고 쇼팽이 어려울 때마다 도움을 주는 은인

이기도 했다. 쇼팽은 현악기의 명품으로 불리는 스트라디바

리우스 첼로를 갖게 되어 기뻐하는 프랑솜을 보면서 그를 위

한 작품을 구상했다. 그리고 1847년 자신의 피아노와 프랑

숌의 첼로 연주로 이 곡을 초연했다. 이는 쇼팽이 파리에서 한 마지막 연주이기도 하다.

전체 4악장 구성으로 그중 3악장 라르고(느리게)가 제일 인기가 많고 유명하다. 보통은 2악장이 느린 악장으로 구성되는데, 이 곡은 3악장이 느리고 2악장은 스케르초(익살스러운 악장)다. 그리고 3악장이 점점 조용해지면서 사라지면 빠른 4악장이 마지막 바통을 이어받는다.

꽃을 피우는 40대를 떠올리게 하는
드보르자크, 교향곡 9번 마단조 Op.95
〈신세계로부터〉 4악장

유튜브 검색어 

Dvorak, Symphony No.9 in E Minor Op.95-Ⅳ From the New World

드보르자크는 1891년 50세에 프라하 음악원의 교수가 되었다. 이듬해에는 뉴욕 국민 음악원 원장이 되어 3년간 재직했다. 1878년 출판한 《슬라브 무곡》의 대성공으로 드보르자크의 명성이 유럽을 넘어 멀리 신대륙 미국까지 알려지면서 망설임 끝에 미국으로 건너갔다. 그곳에서 고국에 대한 향수병을 심하게 앓았는데, 1893년 미국에 머물며 작곡한 곡이 **교향곡 9번 〈신세계로부터〉**다. 드보르자크는 미국의 흑인 음악과 보헤미안 음악을 결합시켜 교향곡 9번을 작곡했다. 마지막 4악장의 육중하며 거침없이 시작되는 서두는 강렬한 인상을 남긴다. 길고 웅장하게 울리는 관악기의 마지막 총주 역시 심장을 뚫는 듯한 강렬한 에너지를 전해준다.

고난을 이겨낸 50대를 떠올리게 하는
말러, 교향곡 5번 5악장 론도-피날레

유튜브 검색어 
Mahler, Symphony No.5-V Rondo Finale

베토벤과 말러는 교향곡 작곡에 있어서 빼놓을 수 없는 사람이다. 고전 시기 베토벤으로부터 시작된 교향곡은 말러에서 완성되었다고 해도 과언이 아니다. 말러의 교향곡은 박찬욱 감독의 영화《헤어질 결심》에 5번 4악장이 삽입되어 한국 대중의 인기를 얻었는데, 나는 이어지는 5악장도 권하고 싶다. 이전 악장들에서 드러났던 분열과 상실감에서 벗어나, 승리의 메시지를 전하고 있다. 말러가 교향곡 5번의 작곡을 시작

　　　네 인생에 클래식이 있길 바래

한 것은 1901년인데, 선천적으로 허약했던 그가 1902년 심각한 장출혈을 겪고 나서 이 곡을 완성했다는 배경지식도 함께 알아두면 좋을 것이다.

인생의 이치를 통달한 60대를 떠올리게 하는
**베토벤, 현악 4중주 13번 내림 나장조
Op.130 6악장**

Beethoven, String Quartet No.13 in B flat Op.130-Ⅵ Finale

베토벤은 16곡의 현악 4중주를 작곡했는데, 후기에 작곡한 현악 4중주는 듣기에 난해한 음악이라 현대음악 같은 곡이라고 불린다. 그의 후기 작품은 작곡가의 깊은 내면세계를 표출한 곡이기에 기존의 음악 듣는 방식으로 들었다가는 대체 무엇을 표현하려는지 쉽게 이해되지 않는다.

클래식에서의 현대음악을 간단하게 정의하기는 어렵지만 현대음악의 독보적인 특징이라면 기존의 음악과는 확연히

• 〈대푸가〉를 포함하면 17곡

다른 실험적인 음악 요소가 들어 있는 것이다. 현대 작곡가들은 조성이나 형식, 길이 면에서 우리가 익숙하게 인정하는 범위 너머를 지향한다. 작곡가만의 음악적 언어가 견고해서 작곡가의 철학을 이해하지 않고서는 무슨 의미인지 알기 어렵기에 청중들이 쉽게 다가서기 어렵다.

베토벤의 후기 4중주는 그 시대의 음악가들과 청중들의 이해를 훨씬 뛰어넘었다. 어떤 이는 그의 후기 작품을 두고 "우리는 그곳에 무언가 있다는 것을 알지만 그것이 무엇인지 모른다"라고 논평하기도 했으며, 작곡가 루이스 슈포어는 그의 〈대푸가〉를 듣고 "지울 수 없고, 고칠 수 없는 공포"라고 표현하기도 했다. 한편 촌철살인으로 유명한 작곡가 이고르 스트라빈스키는 베토벤의 〈대푸가〉를 두고 "영원히 현대적인 음악이 될 것이다"라고 극찬하기도 했다.

말년의 베토벤은 육체적으로나 정신적으로 많이 힘들었다. 1825년 4월, 베토벤은 현악 4중주 15번 2악장까지 작곡하고 아파서 약 한 달 동안 작업을 중단했다. 조카 칼의 4년에 걸친 양육권 소송과 1826년 칼의 자살 소동이 더해져 그를 더욱 힘들게 했다. 이런 이유로 베토벤은 이 시기 자신의 작품을 두고 "건강을 회복한 자가 신께 감사하는 신성하고 고결한 노래"라고 말하기도 했다.

fine

 네 인생에 클래식이 있길 바래

일과 삶의 균형을 찾는 법

세상에는 일과 삶의 균형을 잘 맞추며 사는 취미 부자들이 많다. 경제학을 전공하고 교수로 활동하면서도 〈내 영혼 바람 되어〉, 〈첫사랑〉, 〈눈〉 같은 수많은 명곡을 탄생시킨 이화여대 김효근 교수가 그렇고, 작곡가와 피아노 연주자로 활동하면서 그림에도 일가견이 있어 화가 못지않게 그림을 잘 그렸던 멘델스존도 그렇다. 이 외에도 이탈리아의 작곡가 로시니는 요리를 좋아해서 일찌감치 은퇴를 선언하고 요리에 전념했고, 러시아의 작곡가 쇼스타코비치는 악보 앞에서는 진지했지만 축구장에서는 장난기 넘치는 아이처럼 축구를 즐기곤 했다. 야구광이었던 작곡가 거슈윈, 연주가 없을 때는 경비행기를 직접 몰며비행을 즐기곤 했다는 지휘자 카라얀까지 수많은 음악가들이

일과 삶의 시너지를 긍정적으로 활용하며 활동했다.

나는 이 중에서도 음악을 진정으로 즐기는 것이 무엇인지 보여준 멘델스존을 무척 좋아한다. 그는 예술 전반을 향유한 풍요로운 정신세계를 지닌 음악가였다. 여행을 특히 좋아했고 그림에 소질이 뛰어났다. 여행을 가면 항상 그곳의 풍경을 직접 수채화로 남기곤 해서 멘델스존의 음악을 들으며 그의 그림을 보는 것만으로도 충분히 여행지의 정경을 느낄 수 있을 정도다. 그가 여행지에서 영감을 얻어 작곡한 〈**핑갈의 동굴**〉과 **멘델스존 교향곡 3번, 4번**을 듣다 보면 마치 스코틀랜드와 이탈리아에 있는 기분이 든다.

음악계에서 취미 부자를 이야기할 때 '러시아 5인조'도 빠지지 않고 등장한다. 이들은 1856~1870년에 활약한 다섯 명의 러시아 클래식 작곡가들로 밀리 발라키레프를 주축으로 니콜라이 림스키코르사코프, 모데스트 무소륵스키, 알렉산드르 보로딘, 세자르 큐이로 구성되어 있다. 러시아 5인조는 'The Mighty Handful ^{강력한 한 줌}'이라고 불리기도 했는데, 기존의 서유럽 음악에 영향을 받았던 작곡가들이 그들을 비하하면서 이렇게 불렀다. 그도 그럴 것이 이들은 음악만 한 게 아니라 지금의 N잡러처럼 직업이 다양했다. 림스키코르사코프(1844~1908)는 해군 학교를 졸업하고 해군으로 복무했고, 발라키레프(1837~1910)는 대학에서 수학을 전공했으며, 보로딘(1833~1887)은 화학을 전공했다. 큐이(1835~1918)는 육군 장교

였으며, 무소륵스키(1839~1881) 역시 육군사관학교를 졸업하고 공무원으로 살고 있었다. 그럼에도 불구하고 이들은 러시아 특유의 민족적 색채로 국민악파를 형성했다. 생업은 다른 곳에 두고 순수하게 즐거운 마음만 가지고 음악에 전념했던 이들이야말로 어쩌면 진심으로 음악을 즐겼던 인물들이 아닐까 싶다.

현대 음악가 중에도 비슷한 이들은 많다. 찰스 아이브스(1874~1954, 미국)는 예일대에서 음악을 공부했지만 재정적인 불안감 때문에 보험회사에 직원으로 취직했다. 1909년에는 직접 보험회사를 차리기도 했으나 보험일을 하면서도 작곡을 게을리하지 않았다. 그리고 1947년에는 당대 최고의 작곡가에게 주는 퓰리처상을 받기도 했다. 그의 대표작인 〈대답 없는 질문〉은 내가 정말 좋아하는 곡이니 한번쯤 꼭 들어보길 바란다.

글을 쓰는 작가 중에도 작품 안에 클래식이라는 취미를 녹여낸 이들이 있다. 그들의 작품에 소개되는 클래식은 문맥의 흐름을 느끼는 데 중요한 역할을 한다. 이를테면 체코 작곡가 야나체크의 추종자인 밀란 쿤데라(1929~2023)의『참을 수 없는 존재의 가벼움』이나, 바흐와 모차르트를 광적으로 좋아했던 헤르만 헤세(1877~1962)의『데미안』이 그렇다.『참을 수 없는 존재의 가벼움』에서는 **베토벤의 후기 현악 4중주 16번 4악장과 교향곡 3번 〈영웅〉**이 등장하고,『데미안』에서는 바흐의 **《마태수난곡》**과 **〈죽음의 칸타타〉**를 언급한다. 뿐만 아니라 대한민국의 근대 조각가 권진규(1922~1973)는 베토벤을 사랑한 조각가로 유명한데, 그의 작업실엔 항상 베토벤의 음악이 흘렀다고 한다. 조각을 하게 된 것도 음을 무게감이나 입체감으로 표현하고 싶어서였다고 할 정도니 얼마나 클래식을 좋아했는지 짐작이 된다.

한때 '워라밸'이라는 단어가 유행이었다. 단어 뜻 그대로 일과 생활의 균형을 잘 잡고 살아야 한다는 뜻이다. 워라밸이 사람들의 입에 오르내리면서 동시에 '번아웃'이라는 단어도 자주 등장했는데, 이때 마치 번아웃은 부정어, 워라밸은 긍정어처럼 쓰였다. 하지만 나는 번아웃을 나쁘게만 생각하지 않는다. 번아웃은 한번이라도 무언가에 불태웠던 사람만이 느낄 수 있는 감정으로, 자신을 불태울 만큼 좋아서 하는 일이 있다는 것은 행운이기 때문이다.

자신이 좋아하는 무언가가 있을 때 비로소 삶은 계속 살고 싶은 것이 된다. 너에게도 마음을 다해 좋아하는 것이 생겼으면 하는 것이 나의 바람이다. 취미를 즐기며 인생을 즐겁게 살아간 이들처럼 일에만 매몰되지 않고 균형을 잘 잡으며 살았으면 한다. 그리고 그 취미가 만약 클래식 음악 듣기라면 네 삶의 결이 더욱 풍부하고 부드러워 질 거라고 생각한다. 클래식은 작곡가의 인생이 투영된 작품이기 때문이다. 어느 작곡가의 음악을 듣는다는 것은 그의 인생을 대신 살아보는 일인 것이다.

  네 인생에 클래식이 있길 바래

멘델스존,
〈핑갈의 동굴〉 Op.26

Mendelssohn, Fingal's Cave

〈핑갈의 동굴〉은 펠릭스 멘델스존(1809~1847, 독일)이 스코틀랜드 헤브라이즈 군도의 핑갈의 동굴에서 깊은 인상을 받고 작곡한 서곡이다. 여기서 핑갈은 그 지역 일대를 다스리던 전설 속의 왕 이름이다. 서곡overture은 오페라, 발레 또는 기악 작품에서 본격적으로 곡이 연주되기 전에 연주되는 곡을 말한다. 글로 이야기하면 프롤로그, 음식으로 비유하자면 메인 요리의 입맛을 돋우는 에피타이저 같은 곡이다. 제1주제부터 제3주제까지 구성되어 있는데, 우뚝 솟은 현무암에 부딧치는 파도와 날아다니는 갈매기, 시원한 바람 등이 떠올라 마치 음악으로 그린 풍경화 같다.

멘델스존은 이 엄청난 작품을 겨우 1830년 스물한 살의 나이에 작곡했다. 낭만주의 작곡가 브람스는 〈핑갈의 동굴〉을 듣고 "이런 작품을 쓸 수만 있다면 내 모든 작품을 던져버려도 좋다"라고 말했다고 하니 멘델스존의 범접할 수 없는 재능을 가늠하게 된다. 안타깝지만 세상에는 멘델스존과 같이 무엇이든 원래부터 잘하는 사람이 꼭 있다. 부러워한다는 것 자체가 불허일 정도로 말이다.

<h2 align="center">교향곡 3번 〈스코틀랜드〉 2악장
가단조 Op.56</h2>

Mendelssohn, Symphony No.3 in A Minor Op.56 MWVN.18 Scottish -Ⅱ

작품 연주를 위해 영국에 자주 초대되었던 멘델스존은 스코틀랜드 여행 때 받았던 영감을 토대로 교향곡 3번을 작곡했다. 우울한 날씨, 안개 자욱한 산줄기, 아름다운 풍랑을 지닌 스코틀랜드는 낭만주의 사조에 영감을 주는 원천이었다.

실제로는 교향곡 4번 〈이탈리아〉를 동시에 작곡하느라 시간이 지체되어 교향곡 4, 5번보다 늦게 완성되었지만 출판은 먼저 해서 3번의 번호가 붙었다. 이 곡은 1842년 3월 3일에 라이프치히에서 게반트하우스 오케스트라의 연주와 멘델스존의 지휘로 초연되었다. 스스로도 만족한 작품이었을 뿐더러 1843년에는 영국의 빅토리아 여왕에게 헌정되기까지 했다.

2악장의 제1주제에는 호른의 선율로 시작해서 사냥을 하는 모습이 그려진다. 약간의 변형을 제외하고는 선율의 모티브가 네 마디 단위의 고전주의적 양식을 취하고 있어 스코틀랜드 민요 느낌이 강조된다. 비바체 논 트로포 Vivace non troppo 라는 '너무 과하지 않으면서 빠르게'라는 나타냄말이 배치되어 있다.

제2주제에는 스케르초 scherzo 라는 '익살스럽게'를 뜻하는 나타냄말이 적혀 있다. 16분 음표의 스타카토로 연주되는 빠른 현악 성부에서 목관 성부까지 이어지는 스타카토의 대선율은 제1주제에서 보여준 사냥의 모습과 결합해 전원적인 느낌을 강조한다. 이에 덧붙여 독주 클라리넷의 소리가 마치 백파이프와 같은 효과를 연출하면서 스코틀랜드의 지방색을 짙게 한다.

무소륵스키,
《전람회의 그림》 중 〈키예프의 대문〉

Mussorgsky, Pictures at an Exhibition The Great Gate of Kiev

무소륵스키는 1869년부터 공무원으로 일하면서 교향시 〈민둥산의 하룻밤〉 등 다섯 개의 관현악곡과 여러 피아노 독주곡을 작곡했다. 그의 대표곡인 피아노 독주곡집《전람회의 그림》은 친구였던 화가 하르트만이 1873년에 갑자기 죽고 난 뒤 이듬해 그의 추모 전시회에서 영감을 받아 작곡한 곡이다. 총 10곡으로 이루어져 있고, 곡과 곡 사이는 실제로 그림 전시를 보는 듯하게 산책이라는 의미의 〈프롬나드〉를 배치해 유기적인 연결성을 띤다. 〈프롬나드〉를 시작으로 〈난쟁이〉,

〈오래된 성〉, 〈튈르리 궁전〉, 〈우마차〉, 〈껍질을 덜 벗은 햇병아리들의 발레〉, 〈폴란드의 어느 부유한 유대인과 가난한 유대인〉, 〈리모주의 시장〉, 〈카타콤〉, 〈바바 야가의 오두막집〉, 〈키예프의 대문〉으로 이루어져 있다. 마지막 〈키예프의 대문〉이 웅장한 멜로디로 대중에게 가장 인기가 많은 곡이다. 여기서 키예프는 현재 우크라이나의 수도, 키이우를 뜻한다.

《전람회의 그림》을 하르트만의 그림과 함께 들으면 좋겠지만, 아쉽게도 그의 그림은 많이 소실되어 음악과 그림의 연관성을 찾는 것은 쉽지 않다. 이런 궁금증에 그나마 힌트가 되는 것은 예술비평가 알프레드 프랑켄슈타인의 말이다. 그는 《전람회의 그림》의 세 번째 곡인 〈튈르리 궁전〉이 화가 마네의 〈튈르리 공원의 음악회〉와 비슷한 느낌이라고 주장한다. 공원을 가득 메운 사람들의 모습이 곡의 경쾌함과 일치한다.

마네의 〈튈르리 공원의
음악회〉

보로딘,
오페라《이고르 공》중〈폴로베치아인의 춤〉

Borodin, Polovtsian Dances From Prince Igor

보로딘은 오페라《이고르 공》을 18년 동안 작곡했지만 아쉽게도 마무리 짓지는 못했다.《이고르 공》은 후에 친구인 림스키코르사코프와 제자 글라주노프에 의해 완성되었다.

보로딘은 본업인 화학교수라는 역할에 성실했을 뿐만 아니라 음악에도 전업 작곡가만큼이나 열정을 쏟았다. 세관원으로 일하며 일요일에만 그림을 그려 '일요일의 화가'로 불린 앙리 루소(1844~1910, 프랑스)처럼, 보로딘도 본업인 화학교수를 하면서 일요일에만 작곡을 했다 하여 '일요일의 작

네 인생에 클래식이 있길 바래

곡가'로 불린다. 《이고르 공》은 서막이 있는 4막의 오페라로 12세기 러시아 공작 이고르와 플로베츠 부족과의 싸움을 그린 중세 서사시 〈이고르 원정기〉를 각색하여 만들어졌다. 러시아 민속음악에 뿌리를 둔 멜로디를 이용하여 〈폴로베치아인의 춤〉과 같은 유명한 곡을 탄생시켰다. 비록 오페라는 미완이었지만 이 곡만큼은 많은 사람들에게 각인되어 보로딘의 입지를 단단하게 했다.

한편 보로딘은 러시아뿐만 아니라 유럽에서도 명성을 떨쳤는데, 거기에는 프란츠 리스트의 공이 컸다. 1880년 보로딘이 독일 바덴에서 연주회를 열어 성공리에 마쳤을 때, 리스트가 물심양면으로 도와준 것으로 알려져 있다. 이때의 성공 덕에 보로딘은 같은 해 교향시 〈중앙 아시아의 초원〉을 완성시킬 수 있었다. 인기를 구가하며 더할 나위 없이 좋은 시절을 보냈지만, 1885년에 콜레라를 앓으면서 건강이 급속도로 나빠졌고 2년 뒤 심장마비로 사망했다.

fine

과감한 도전을 망설이지 않았던 작곡가

바그너

독일 사람들에게 가장 인기 있는 작곡가는 누굴까? 바흐, 베토벤, 슈만, 브람스 등 웬만한 클래식 작곡가들이 독일 태생이지만, 그럼에도 불구하고 단 한 명만 고르라면 아마도 바그너가 아닐까 싶다. 작곡가 리하르트 바그너(1813~1883)는 독일인들의 정체성과 정서를 가장 강하게 표현했다. 그는 게르만 신화의 추종자로 민족우월주의에 열광했기에 독일인들이 거의 종교에 가깝게 집착하는 작곡가다. 바그너는 많은 사람들을 자기편으로 회유하고 설득하는 데 뛰어난 능력이 있었지만 적을 만드는 성향도 그에 못지않게 강했다. 워낙 성격이 강하고 고집이 셌기에 자기를 싫어하는 사람들에겐 아예 관심도 주지 않고 살았다.

세계 예술의 발전에 기여한 작곡가로 기록되는 바그너의 성공 포인트는 네 가지로 꼽을 수 있을 것이다. 첫째, 항상 과감한 도전을 하는 데 망설이지 않았다. 1842년 드레스덴에서 오페라 《리엔치》가 초연되었을 때, 6시간이나 이어지는 연주를 관객들이 휴식 없이 관람하도록 했는데 사람들의 우려와 달리 큰 성공을 이루어냈다. 파격을 원했던 사람들의 욕구를 정확히 짚어낸 것이다.

둘째, 자신의 철학에 단단한 근거를 제시했다. 바그너는 철학자 쇼펜하우어(1788~1860, 독일)의 『의지와 표상으로서의 세계』를 읽고 큰 충격을 받은 후, 그의 철학을 자신의 음악세계에 접목시켰다. 늘 위대한 예술가가 되기 위해서 필요한 것이 무엇인지 생각하고 실천에 옮겼기에 가능했던 일이다.

셋째, 원하는 것을 얻기 위해 사람들을 설득하고 회유했으며, 반대파는 철저히 무시했다. 그는 안하무인에 오만하고 소비욕이 강했지만 많은 결점을 덮을 만큼 음악적 능력이 대단했다. 때문에 팬과 안티팬을 동시에 몰고 다녔다.

넷째, 자신의 관심사를 놓지 않고 부단히 노력했다. 그는 자기가 원하는 일이라면 엄청나게 집중하고 몰입해서 해냈다. 바그너에게 시와 글을 쓰고 작곡하는 것은 삶을 사는 절대적인 이유였다. 어릴 때부터 신문을 꼼꼼히 읽으며 정치에 관심을 가졌을뿐더러 책을 읽고 상상하는 것을 즐겼다. 평소 따랐던 아돌프 삼촌을 통해 괴테와 셰익스피어의 작품을 접한 뒤 그들에게 심취하기도 했다. 바그너는 연극에도 남다른 애정이 있었다. 특히 영웅과 신, 전설과 신화로 가득한 그리스 로마 신화를 좋아했고, 『일리아스』와 『오디세이아』를 비롯한 호메로스의 작품을 탐독했다. 이러한 고전들이 자신만의 세계관을 형성하게 해주었고 '음악극'이라는 바그너표 음악을 탄생시켰다.

바그너는 단순하게 음악만 작곡하는 사람이 아니라 자신의 음악에 이야기를 만들어 붙이며 새로운 방향을 제시한 음악가였다. 요즘의 영화감독처럼 직접 시나리오를 쓰고 배우를 캐스팅하고 연출을 맡아하면서 음악뿐만 아니라 무대감독, 미술감독, 조명감독 등 일인 다역을 했던 종합예술가였다. 독일 신화를 바탕으로 자신만의 독일식 오페라를 만들어 독일어가 얼마나 음악에 잘 어울리는 언어인지도 명징하게 보여주었다. 그리고 오페라에서는 오케스트라를 또 하나의 가수처럼 등장시키며, 단지 반주만 하던 기존의 역할에서 벗어나 독립적인 기악곡처럼 들릴 만큼 수준을 향상시켰다.

바그너 인생의 또 다른 특징은 여성 편력이 심했다는 것이다. 1834년 21세의 바그너는 극단의 여배우였던 민나 플래너(1809~1866)를 만나 곧 사랑에 빠졌다. 짙은 눈에 머리카락이 매력적인 민나는 바그너보다 네 살 연상이었고 뛰어난 용모를 지녔다. 부도덕한 행실과 소비욕을 가지고 있던 민나였지만 바그너는 1836년 11월 그녀와 결혼한다. 양쪽 모두 급히 서두른 결혼이었기에 처음부터 돈을 포함한 여러 가지 난관에 봉착한

 네 인생에 클래식이 있길 바래

다. 죽기 전 민나가 바그너와의 결혼생활을 30년 전쟁에 비유했다고 하니 그들이 함께한 세월이 어땠을지 짐작이 가능하다.

부부는 러시아 영토 리가Riga(지금은 라트비아의 수도)에서 활동하다 경제적인 문제로 프랑스 파리로 이주했지만 파리에서도 별다른 성공을 거두지 못했다. 결국 독일 드레스덴으로 돌아왔는데 다행히 초기작품인 오페라 《리엔치》(1842), 《방황하는 네덜란드인》(1843)이 연달아 성공한다. 1848년에는 드레스덴 혁명에 참가하여 국외로 망명했고, 1858년까지 스위스의 취리히를 중심으로 각지를 여행하며 작곡가, 지휘가, 평론가로 활동했다.

그의 여성 편력은 결혼 후에 두드러지게 나타난다. 자신을 후원했던 사업가 오토 베젠동크의 젊고 아름다운 아내 마틸다 베젠동크(1828~1902)와 염문을 뿌려 세상을 발칵 뒤집었고 결국 취리히를 떠나게 된다. 그럼에도 운이 좋았던 그는 바이에른의 왕 루트비히 2세(1845~1886, 독일) 덕에 뮌헨으로 초대되어 그곳에서 제2의 전성기를 맞는다. 그 후 자신의 열렬한 지지자이자 친구였던 작곡가 리스트의 딸 코지마(1837~1930)와 가까워지는데 그녀는 이미 지휘자 한스 폰 뷜로의 아내였다. 그러나 거침없는 남자 바그너는 1870년 코지마와 결혼을 하고 그의 대표작인 《니벨룽겐의 반지》 4부작을 완성한다. 니벨룽겐은 독일 북부에 살았다는 전설 속의 소수 족속의 이름이며, 그들의 반지는 어마어마한 힘을 지니고 있다는 전설을 바탕으로 만들었다. 이 밖에도 아들 지크프리트의 생일 선물로 《지크프리트 목가》(1870)를, 마지막 작품으로《파르지팔》(1882)을 작곡했다.

파란만장했던 바그너의 인생은 유년 및 청년기(1813~1842), 드레스덴 시기(1842~1849), 드레스덴 혁명에 참가했다가 취리히 망명(1849~1858), 뮌헨에서 루트비히 2세의 후원기(1859~1871)로 구분된다. 후원기의 1870년 바그너는《니벨룽겐의 반지》를 완성한 후 자신의 극음악을 공연할 전용극장 설립을 꿈꾼다. 자신만의 극장을 꿈꾸는 작곡가라니! 그는 후원자와 친구들을 찾아 나섰고 열정적인 설득과 루트비히 2세의 도움으로 필요한 돈이 모이자 가족들을 데리고 독일의 바이로이트로 이사한다. 그리고 4년간의 공사 끝에 1876년 8월 13일《니벨룽겐의 반지》가 최초로 공연되었다.

바그너 사후에 히틀러는 독일 바이에른주의 뉘른베르크에서 나치 전당대회를 열 때마다 바그너의 3막 희극 오페라《**뉘른베르크의 마이스터징어**》의 서곡을 틀었던 것으로 유명하다. 독일의 정신이 영원할 거라는 내용이 반영된 음악극이라 나치의 선동(프로파간다)으로 사용된 것이다. 히틀러 입장에서 독일인의 우월성을 표현하기에 바그너의 음악처럼 적합한 도구도 없었을 것이다.

 네 인생에 클래식이 있길 바래

바그너,
음악극 《발퀴레》 중 〈발퀴레의 기행〉

바그너는 약 26년에 걸쳐 독일의 옛 전설을 바탕으로 한 네 개 악장의 음악극 《니벨룽겐의 반지》를 만들었다. 독일의 영웅 서사시 〈니벨룽겐의 노래〉에 바탕해 대폭 창작되었고, 저주 받은 반지가 저주에서 풀려나기까지의 여정과 그 반지를 둘러싼 다양한 인물들의 이야기를 담고 있다. 《라인의 황금》, 《발퀴레》, 《지크프리트》, 《신들의 황혼》으로 구성되어 있으며, 공연은 무려 15시간에 달한다.

먼저 《니벨룽겐의 반지》의 줄거리를 살펴보자. 독일 북부에 살았다는 전설의 난장이족 니벨룽겐은 불을 뿜는 용 파프너에게 황금을 빼앗긴다. 그중에는 니벨룽겐을 지켜주는 절대 반지도 있었는데, 반지를 빼앗긴 니벨룽겐 앞에 용감한 지크프리트가 등장해 무적의 칼로 용을 물리치고 반지와 보물을 모두 차지한다. 그리고 아이슬란드 여왕 브륀힐데를 만난 영원한 사랑을 약속한다. 그러나 지크프리트가 군터 왕과 그의 신하의 간계에 빠져 죽자 브륀힐데도 스스로 목숨을 끊는다. 지크프리트는 바이킹 배에서 화장되는데, 그 배에는 지크프리트가 파프너에게서 찾아온 황금 보물도 함께 실려 있었다. 결국 지크프리트가 끼고 있던 니벨룽겐의 반지와 황금 보물은 모두 깊은 강으로 가라앉는다는 내용이다.

여기서 소개하는 《발퀴레》에서 '발퀴레'는 북유럽 신화에 등장하는 반신반인의 여전사를 말한다. 노르드어로 '발키리아valkyrja'는 '살해당할 자를 선택하는 자'라는 뜻이다. 발퀴레는 전쟁터에서 죽을 이와 살아남을 이를 결정하는 존재이기에 보통 우리가 상상하는 신화 속 아름답고 가녀린 여인이 아닌, 남자만큼 덩치가 있고 군사의 결기가 느껴지는 여전사다. 때문에 주로 성량이 큰 외국 여성 성악가들이 발퀴레 역할을 맡는다.

《발퀴레》는 스토리를 따라가며 변화무쌍한 음악에 귀 기울이기만 해도 지루함 없이 감상할 수 있다. 특히 《발퀴레》

 네 인생에 클래식이 있길 바래

의 3막에 나오는 〈발퀴레의 기행〉은 영화 《지옥의 묵시록》
에도 쓰였는데, 폭격을 하는 장면에 삽입되어 격렬한 감정을
고조시켰다. 음악극 《발퀴레》는 연주시간이 4시간 정도 걸
리는 대작이지만 한번쯤 들어보기를 권한다.

fine

지휘자의 시대를 풍미한 인물

카라얀

이미 세상을 뜬 지휘자 중 유튜브에서 가장 많이 얼굴을 볼 수
있는 사람은 누구일까? 아마도 모차르트와 고향이 같은 지휘
자 헤르베르트 폰 카라얀(1908~1989, 오스트리아)일 것이다. 클래
식을 잘 몰라도 카라얀이라는 이름을 한번쯤 들어보았을 텐데,
여기에는 잘생긴 그의 얼굴도 한몫한다. 실제로 배우를 했다고
해도 믿을 지경이다.

그는 많은 음반 작업을 해서 '20세 클래식의 황제'라고 불
리기도 하며, 때문에 그의 이름이 새겨져 있는 음반을 찾는 일
은 어렵지 않다. 20세기 음악사를 대표하는, 역사상 가장 위
대한 지휘자 가운데 한 명이며, 세계 최고의 필하모니 오케
스트라 중 하나인 베를린 필하모니 오케스트라에서 34년간

네 인생에 클래식이 있길 바래

(1955~1989) 종신 지휘자로 군림한 클래식 음악의 전설이다.

제2차 세계대전 당시, 독일에 머물던 많은 지휘자들처럼 나치에 입당한 전적이 있어 연합국에 의해 활동이 금지된 적도 있다. 카라얀은 경제적인 어려움을 겪고 있던 그 시기에 EMI 음반 프로듀서 월터 레그를 만난다. 월터는 연주자들에게 선불로 연주료를 지급하면서 카라얀에게 금전적인 도움을 준 인물이다. 1946년 1월부터 카라얀과 월터는 현장연주가 아닌 스튜디오에서 빈 필과 음반 녹음을 시작했는데, 이후 1948년 카라얀은 연합국으로부터 공식적으로 무혐의를 인정받아 지휘활동을 재개할 수 있었다.

활동을 재개하면서 오스트리아 빈과 독일의 바이로이트, 밀라노의 극장에서 활발하게 지휘했다. 이때 독일의 지휘자 푸르트벵글러(1886~1954)의 견제가 심했지만 카라얀은 푸르트벵글러의 견제나 독설에도 아랑곳하지 않고 자신의 음악세계를 꿋꿋이 펼쳤다. 그의 음반 판매량은 약 2억 장 정도로, 공식적으로 집계된 클래식 음반 판매량 중 가장 높은 판매량을 기록한다.

1954년 11월 푸르트벵글러가 68세의 나이로 세상을 떠나자 드디어 카라얀에게 베를린 필의 상임지휘자가 될 기회가 왔다. 베를린 필은 독일의 문화사절단 자격으로 미국 투어에 나설 예정이었고 푸르트벵글러의 빈 자리가 카라얀에게 주어진 것이다. 카라얀은 한시가 급한 베를린 필의 약점을 이용해 이때 종신 지휘자로서의 계약을 맺어줄 것을 요구한다. 그리고 11월

13일, 베를린 필은 만장일치로 카라얀의 뜻에 찬성한다. 카라얀으로서는 남은 인생 전체가 보장되는 중요한 계약이었다. 바로 이듬해에는 빈 국립 가극장의 예술감독으로도 임명되었다. 이미 빈 음악협회의 종신감독이었기 때문에 지휘자로서는 유럽 최고의 권력을 손에 넣은 셈이었다.

　1956년부터는 잘츠부르크 페스티벌의 주역으로, 33년간 고향의 음악제를 위해 일했다. 세계 최고의 예술가들을 불러 모았고, 베를린 필하모니 오케스트라를 페스티벌에 참여시켰으며, 여름 음악제와 더불어 유럽의 큰 휴일인 부활절 기간에 하는 음악제를 만들었다. 그가 설립한 축제극장 앞의 광장은 '헤르베르트 폰 카라얀 플라츠platz(독일어로 장소, 공간)'로 이름 붙여졌다. 축제극장의 주소 역시 그의 이름을 따서 '헤르베르트 폰 카라얀 플라츠 1번지'다. 1959년에는 카라얀과 베를린 필이 DG도이치 그라모폰와 레코딩 계약을 맺고 녹음을 시작했다. 1963년에는 전쟁으로 파괴되었던 베를린 필하모니 홀이 카라얀의 입김에 의해 지휘자가 가장 부각되는 모양의 홀vine yard(포도밭 모양의 홀)로 새롭게 태어난다. 카라얀은 음반 작업에 평생 동안 심혈을 기울였다. 그가 열심이었던 레코딩 작업은 축제를 위한 자금원으로 쓰였고 레코딩을 통해 철저히 연습이 된 단원들은 축제 시작 전에 완벽한 리허설을 경험하게 되었다. 카라얀은 이런 식으로 먼저 음반을 녹음하고 나중에 공연하는 패턴을 지속했다.

 　네 인생에 클래식이 있길 바래

그는 보수적인 성향이 대다수인 지휘자들 세계에서 진보적이고 혁신적인 사상과 사업가적인 기질을 지니고 있는 지휘자였다. 카라얀이라는 이름을 보면 정통 오스트리아인 같지 않은데, 역시나 조상이 그리스 출신이다. 잘츠부르크에서 태어난 그는 의사인 부모의 영향으로 부유하게 자랐고, 아버지는 수준급의 클라리넷 연주자로 음악에 일가견이 있었다. 그는 어릴 적부터 친구를 사귀기 힘들어하며, 누구에게도 자기의 본심을 털어놓을 수 없던 내향적인 성격이었다. 혼자만의 세계에 침잠하는 것을 좋아했던 성향이라 음악에 더 몰입할 수 있었던 것 아닐까 싶다. 바그너에서부터 이어지는 지휘자의 계보는 지휘자 한스 폰 뷜로로 이어지고, 리하르트 슈트라우스는 뷜로에게 작곡과 지휘를 배웠다. 이후 카라얀이 리하르트 슈트라우스를 추종한 것을 보면 음악에서 성공을 향해 나아가는 사람들의 성향은 비슷할지도 모른다는 생각을 하게 된다.

1987년 7월 16일 카라얀은 자신의 잘츠부르크 별장에서 심장마비로 세상을 떠났다. 도심을 흐르는 잘자흐 강 주변에는 아직 카라얀 생가가 그대로 남아 있고, 그 마당에는 그의 동상이 있다.

모차르트, 세레나데 K.525 1악장
〈아이네 클라이네 나흐트무직 한밤의 소야곡〉

유튜브 검색어 

Karajan, Mozart Serenade in G, K.525
Eine kleine Nachtmusik -1. Allegro

카라얀이 지휘한 작품 중에서 베를린 필하모니 오케스트라와 함께한 모차르트 연주를 추천한다. 관공서의 내선 연결음으로 많이 사용되는 곡이다. 다양한 대중 매체에서 흘러나온 아름답고 유명한 이 곡은 4악장으로 구성된 세레나데다. 원래는 5악장 구성이었지만 하나의 악장이 유실되어 지금은 전체 4악장 구성으로 연주된다. 1787년 오페라 《돈 지오반니》가 작곡될 무렵인 모차르트 인생 말년에 작곡된 곡이고, 모차르트 사후에 출판되었다.

카라얀이 지휘하는 모습

　세레나데라고 하면 보통 연인의 창가에서 부르는 사랑의

노래로만 알고 있지만 실은 기분을 띄우는 밝은 실내악곡도 세레나데라고 한다. 독일어로는 '나흐트무직'이라고 하는데, 밤에 듣는 곡 편안한 곡이라고 해석할 수 있다. 주로 귀족들의 연회를 위해 작곡되었다.

모차르트의 세레나데 중 13번째 곡이며 바이올린 두 대, 비올라 한 대, 첼로 한 대, 더블베이스 한 대로 총 다섯 대의 악기가 등장한다. 1악장 알레그로(빠르게), 2악장 안단테(느리게), 3악장 미뉴에트(조금 빠르게), 4악장 알레그로(빠르게)로 구성되어 있다. 모든 악장의 멜로디가 들으면 금방 아는 유명한 선율로 우리에게 친숙하다.

fine

5장

좋아하는 것을 찾으려면 시간이 필요한 법이다

__취향을 가꾸는 일

의사가 되고 싶었던 내가
피아니스트가 되기까지

피아노는 내가 가장 좋아하는 색을 동시에 갖고 있다. 흑과 백 그리고 금색과 빨간색. 얼핏 보면 검은 건반과 흰 건반이 피아노의 전부 같지만, 사실 피아노는 외부보다 내부가 훨씬 아름다운 악기다. 피아노 프레임을 둘러싸고 있는 금색과 피아노 내부에 있는 현을 감싸고 있는 구리빛 코일 그리고 건반 사이사이에 끼어 있는 빨간 펠트까지, 형형색색이다. 또한 건반의 평평함과 도드라짐, 직선과 곡선의 조화도 좋았다.

피아노는 연주자보다 먼저 무대에 등장해 있다. 불 꺼진 무대 위에 혼자 당당히 서 있는 모습이 섹시하기까지 하다. 어릴 때 무대 위에서 조명을 받으며 멋진 드레스를 입고 연주하는 나를 상상하면서 조용히 씩 웃었던 기억이 생생하다. 조명을

　　　　네 인생에 클래식이 있길 바래

받으며 자기만의 세상으로 흠뻑 빠져 연주하는 피아니스트의 모습이 거짓말 조금 보태 천사 같았다.

내가 왜 피아니스트가 되었는지 곰곰이 생각해보다가 일곱 살의 나를 떠올려본다. 지금 이렇게 음악하는 사람으로서 이야기할 수 있게 된 것은 예술을 바라보는 할아버지 할머니의 태도와 뒤늦게 찾아온 사춘기 덕이다. 네 할아버지는 언제나 집에서 음악을 들었고, 할머니는 음악을 좋아하는 분은 아니었지만 나를 꼬박꼬박 연주회에 데려가 앉혀 놓곤 했다. 정작 할머니는 연주가 시작되자마자 졸기 일쑤였는데 말이다. 성인이 되어서 그때 왜 듣지도 않는 연주회에 우리를 데려갔냐고 물으니, 할머니는 당신이 어릴 때 음악을 들었던 경험이 부족해서 어른이 돼서 즐기려니 힘들었기 때문이라고 말했다. 그래서 자식만은 스며들 듯이 음악을 접하게 키우고 싶었다고 한다.

사실 나는 할아버지 할머니 말씀을 잘 듣고 공부도 잘하는 모범생이었다. 전교 1등을 놓치지 않고 한다거나 한 번의 일탈도 없이 완벽했던 엄친아는 아니었지만, 부모님의 기대를 특별히 저버리는 딸은 아니었다. 하라는 공부를 잘했고, 할아버지가 원하는 대로 의사가 되는 것도 나쁘지 않다고 생각했었다. 일단 의사가 되면 사회에서 인정받고 돈도 잘 벌고 편안하게 살 수 있을 거라고 믿었다. 그런데 나는 뒤늦은 사춘기를 대차게 마주하며 고2 겨울방학에 결정적인 선택을 하게 된다. 사춘기는 내게 물었다. '정말 의대를 가고 싶은 거야? 너는 칼도 무서

워하고 피 냄새도 잘 못 맡는데? 남들이 부러워하는 직업이라고 의사가 되는 게 맞아? 의사를 하다가 힘든 순간에도 진짜 그 일을 하는 게 행복하다는 확신이 들겠어? 어렵다고 도망가고 회피하는 대신 소신을 갖고 잘 버틸 수 있어?' 이런 저런 두서없는 질문이 머릿속에서 맴도는데, 어떤 질문에도 단박에 '그렇다'라고 답을 할 수 없었다.

그 후 음악을 선택하고 나서 한 번도 후회를 하지 않았다면 거짓말이다. 노력하면 한 만큼 어느 정도는 결과가 보이는 공부와 달리 음악에서는 감각과 무대 경험이 더 중요했다. 내 노력의 절반도 안 되는 엉망진창인 결과가 나오기도 하는 걸 보면서 무척 속상했던 적도 많다. 학부를 졸업하고 바로 독일로 유학을 간다고 했을 때에는 할아버지 할머니가 모두 심하게 반대를 했다. 지금 생각하면 집안의 경제 사정도 미래의 불투명함도 생각지 않고 어떻게 그렇게 무모하면서도 용감한 선택을 할 수 있었던 건지 의아하다. 살아 보니 인생을 살면서 그렇게 용감해질 수 있는 순간이 많지 않더라.

나는 의사를 포기하고 피아노를 전공하면서 한 가지만은 굳게 다짐했다. 20년 전부터 혹은 숟가락 잡기 전부터 악기를 만진 사람들이 널렸는데, 천재도 아닌 내가 그들처럼 되기를 바라지는 말자고 말이다. 늦게라도 좋아하는 일을 할 수 있다는 것에 감사하면서, 욕심을 부리는 대신 할 수 있는 만큼 최선을 다하자고 마음먹었다.

 네 인생에 클래식이 있길 바래

나는 의사라는 목적지를 버리고 피아니스트가 되기까지 많은 시간을 방황했다. 하지만 그 방황하는 시간마저 나를 성장시켰다. 우리가 잘 알고 있는 작곡가들 중에도 인생의 많은 시간을 방황했던 이들이 있다. 《겨울 나그네》를 작곡한 슈베르트와 의학공부를 하다가 음악가의 길로 들어선 작곡가 베를리오즈, 법 공부를 접고 음악가의 길로 뛰어든 작곡가 텔레만 그 외에도 슈만, 차이콥스키 등이 그러하다.

그중 슈베르트(1797~1828, 오스트리아)는 베토벤 덕후로 엄청나게 베토벤을 좋아했고 존경했지만 인생의 행보는 베토벤과 무척 달랐다. 베토벤은 평생을 음악적 야욕에 사로잡혀 살았지만, 슈베르트는 자기가 할 수 있는 것과 현재에만 중심을 두고 살았다. 베토벤이 계획적인 사람이라면 슈베르트는 즉흥적인 사람이었다.

슈베르트는 가난한 시골 학교 교장의 아들로 태어나 어려운 유년 시절을 경험했다. 그의 아버지는 슈베르트가 교사로 활동하면서 학교를 이어받길 바랐지만, 그는 반대를 무릅쓰고 음악을 공부하면서 빈 궁정 음악감독이던 안토니오 살리에리(1750~1825, 이탈리아)에게 작곡 수업을 받았다. 빈의 슈테판 성당에서 합창단으로도 활동했으며 특히 시를 가사로 한 가곡을 많이 작곡해서 '가곡의 왕'이라고 불렸다. 그는 개인 소유의 피아노 한 대 없이 이 집 저 집 돌아다니며 작곡을 했고 평생 어디에도 소속되지 않은 가난한 음악가로 살았다. 그럼에도 자신만의 방식대로 음악세계를 구축했다.

슈베르트는 절대 남을 부러워하느라 인생을 낭비하지 않았다. 자신의 상황을 객관적으로 받아들이고, 안 되는 일에 안달하기보다는 할 수 있는 일에 더 집중하고 전념했다. 슈베르트를 보며 다시금 인생을 대하는 태도를 배운다. 인생이 불공평하다고 불평하기 전에 내가 지나온 시간들을 냉정히 평가해보고 수용하는 것. 그것이 우리가 짧은 인생에서 성장하며 행복을 누릴 수 있는 길일 것이다.

 네 인생에 클래식이 있길 바래

슈베르트,
〈방랑자 환상곡〉 D.760

Schubert, Wanderer Fantasie D.760

가곡 〈방랑자〉 D.489

Schubert, Der Wanderer D.489

방랑과 방황의 대표자라면 슈베르트를 빼놓을 수 없다. 제목마저 〈방랑자 환상곡〉인 이 곡은 슈베르트의 말기 대표 피아노 독주곡이다. 슈베르트 〈방랑자 환상곡〉은 당당하게 다장조로 시작하지만 2악장에서는 다단조로 갑자기 바뀐다. 조성 전환이 어색하지 않고 아주 자연스럽게 된다. 그리고 이어 나오는 3악장 중간의 아리아는 눈물 나게 아름답어.

그의 작풍은 1820년경을 중심으로 크게 한다. 특히 〈방랑자 환상곡〉이 작곡된 1822년(25세) 이후의 작품은 모두 인생의 깊은 고뇌를 표현하고 있다. 이 곡의 2악장 첫 부분에서는 본인의 〈방랑자〉에서 따온 멜로디가 흐르는데, 〈방랑자〉는 독일 시인 게오르크 필립 슈미트의 시에 노래를 붙인 가곡이다.

노래하는 방랑시인이었던 슈베르트의 음악은 죽음, 연민, 방황의 요소가 다분해서, 그 느낌을 이해하지 못하면 듣기 힘들다. 성격이 밝고 쾌활한 사람들은 슈베르트의 음악이 어둡고 늘어진다며 듣기를 꺼려한다. 그러나 원래 예술가는 방랑의 아이콘이 아니던가. 오늘도 방황하는 모든 영혼들을 위해 슈베르트의 음악으로 위로를 권한다.

fine

 네 인생에 클래식이 있길 바래

좋아하는 것을 하는 사람은 반짝인다

나는 유학을 다녀와서 교수 임용에 실패 후 많이 방황했다. 앞으로 어떤 일을 하며 살아야 할지 막막했다. 음악을 하면서 대학 교수라는 꿈을 꾸며 달려왔던 나의 지나간 시간에 대한 후회가 밀려왔다. 그냥 부모님 말씀대로 계속 공부를 해서 의대를 갔어야 했을까? 고집대로 뒤늦게 음악으로 전공을 바꾸었는데 아무것도 이룬 게 없는 빈털터리가 된 것 같았다. 심한 자괴감에 짓눌렸고 음악을 처음 시작할 때의 절박한 심정만큼이나 괴로웠다. 유학을 다녀와서 박사 학위를 마친 사람들이 모두 교수가 될 수 있는 것도 아닌데, 당시 내겐 교수 임용의 실패가 이제 음악을 그만두라고 선언하는 것 같았다. 몇 날 며칠을 절망의 늪에서 이리저리 휘둘리면서 과연 내가 음악을 좋아하고

사랑하는 게 맞는지 스스로에게 물었다. 물론 정답은 이미 알고 있었다. 나는 음악을 사랑하는 사람들과 함께 음악 이야기를 하거나, 사람들에게 음악의 세계를 안내하는 일을 할 때가 가장 신났다. 그렇게 이렇게 사는 게 맞는지, 이 길을 계속 가도 될지 고민하고 있을 때 후지코 헤밍(1932~2024)*을 알게 되었다. 우연히 본 후지코 헤밍에 대한 영화《파리의 피아니스트》덕이었다.

후지코 헤밍은 보통의 연주자들이 열 살 이전에 두각을 드러내고 스무 살 이전에 세계적인 무대에서 활동을 하는 경우와 비교해봤을 때 아주 이례적인 이력을 갖고 있다. 무려 60세! 그녀는 웬만한 사람들이 은퇴할 나이인 60세에 데뷔해서 87세가 넘는 나이에도 세계무대를 누비며 관객들과 호흡하며 음악의 감동을 전하고 있는 것이다. 영화 속 그녀의 삶은 좋아하는 일을 하는 사람의 표본이었다. 누가 뭐라든지 상관하지 않고 좋아하는 일을 즐기며 존재 자체가 반짝이고 있었다. 그녀는 '음악으로 세상을 마주한 영혼의 피아니스트'라는 별명을 갖고 있는데, 그녀의 인생을 들여다보노라면 왜 그런 호칭으로 불리는지 십분 이해가 된다.

후지코 헤밍은 1932년 12월 독일 베를린에서 스웨덴 출신의

---

* 일본에서는 후지코 헤밍처럼 되고 싶은 피아니스트가 많아 그녀의 이름을 따서 쁘띠 헤밍, 포스트 헤밍 등이 애칭으로 자주 쓰인다.

 네 인생에 클래식이 있길 바래

귀족과 일본 부잣집 딸 사이에서 태어났다. 제2차 세계대전이 발발할 당시 일본인의 삶은 평탄치 않았기에 그녀의 가족들도 독일의 은신처에서 힘든 삶을 살았다. 간신히 도쿄로 이사했지만 아버지의 불륜으로 그녀의 부모는 이혼한다. 독일에서 피아노를 공부했던 어머니는 이혼 후 피아노 개인교습을 하면서 어렵게 두 남매를 키운다. 후지코는 그런 어머니 아래서 혹독한 연습벌레로 성장한다. 그런데 어머니의 유전자를 물려받아 훌륭한 피아니스트로 성장할 것만 같았던 후지코는 심한 감기를 앓다가 청력에 이상이 생기고 만다. 그럼에도 불구하고 어머니는 후지코에게 피아노 가르치는 일을 포기하지 않았다.

이후에도 시련은 끊이지 않았다. 갑자기 스웨덴 정부로부터 국적을 박탈당하고, 이어 일본에서도 국민으로 인정받지 못한 것이다. 사면초가에 놓였던 그녀지만 주일 독일 대사의 도움으로 독일에서 공부를 할 기회를 간신히 얻는다. 그리고 오랜 무명의 시간 끝에 그녀는 60세에 일본의 한 다큐멘터리 작가의 눈에 띄어 유명세를 타고, 음반 녹음 후 데뷔한다.

역경의 시간들로 점철된 인생이지만 그녀는 한 번도 피아노 연습을 게을리한 적은 없었다고 한다. 과연 나라면 그런 실패와 절망의 시간에도 피아노 연습을 꾸준히 할 수 있었을까? 교수 임용 탈락이라는 나의 작은 실패는 아무것도 아니라는 생각이 들어 힘이 났던 기억이 생생하다. 영화 속 그녀는 말했다. "인생이란 시간을 공들여 나를 사랑하는 여행"이라고. 나는 그 말에 힘을 얻어 다시 피아노를 사랑하는 일에 발을 내디딜 수 있었다.

80세가 넘은 나이지만 지금도 하루에 4시간씩 꾸준히 연습하는 그녀의 모습은 누구에게나 큰 자극이 된다. 유명 콩쿠르를 휩쓴 젊은 연주자들의 얼굴만큼이나 무대 위의 그녀의 얼굴은 반짝반짝 빛난다. 그렇다. 천재는 노력하는 사람을 이길 수 없고, 노력하는 사람은 즐기는 사람을 이길 수 없는 것이다.

 네 인생에 클래식이 있길 바래

후지코 헤밍이 연주하는
리스트의 〈라 캄파넬라〉와
라벨의 〈죽은 왕녀를 위한 파반느〉

Fuzjko Hemming, La Campanella, Pavane pour une infante défunte

프란츠 리스트는 파가니니(1782~1840, 이탈리아)보다 29세나 어렸지만, 파가니니를 경쟁자로 생각하며 동시에 존경했다. 어느 날 리스트가 파가니니의 연주를 듣고 '난 꼭 피아노계의 파가니니가 될 거야'라고 다짐하고는 어려운 기술을 필요로 하는 곡을 작곡했는데, 〈라 캄파넬라〉가 바로 그 곡이다. 파가니니가 작곡했던 바이올린 협주곡 내림 나단조의 3악장 주제를 인용해서 리스트가 1838년 작곡한 《파가니니 주제에 의한 대연습곡》에 속한

영화 《파리의 피아니스트》 포스터

곡이다. 이 곡을 후지코 헤밍의 연주 버전으로 소개한다.

　한편 〈죽은 왕녀를 위한 파반느〉를 작곡한, 프랑스를 대표하는 작곡가 모리스 라벨(1875~1937)은 후기 인상주의와 초기 현대음악의 선두주자다. 라벨은 프랑스 루브르 박물관에 있는 스페인 화가 벨라스케스(1599~1660)가 그린 〈왕녀 마가레타의 초상〉이라는 그림을 보고 영감을 받아 〈죽은 왕녀를 위한 파반느〉를 작곡했다. 1900년에 출판된 곡으로 라벨은 이 곡을 '옛날 스페인 궁전에서 춤을 추었을 어느 어린 왕녀를 위한 기억'이라고 설명했다. '파반느'는 궁정에서 추던 아주 느린 풍의 춤곡을 일컫는다. 춤이라지만 미뉴에트나 왈츠 같은 밝은 분위기가 아닌 애잔한 슬픔이 느껴지는 무곡이다. 곡의 처음부터 아주 고풍스런 분위기에 3부 형식으로 처음과 끝의 멜로디가 반복된다. 원곡은 피아노 독주곡이지만 라벨 본인이 후에 관현악곡으로 편곡했다. 피아노곡이든 관현악곡이든 어떻게 들어도 모두 애절한 감성이 한껏 느껴지는 감각적인 곡이다. 후지코 헤밍의 연주로 감상해보길 권한다.

fine

 네 인생에 클래식이 있길 바래

매일을 가꾸는 작은 행동의 힘

연주와 강의를 하면서 웬만한 전공자보다 훨씬 음악을 사랑하고 조예가 깊은 애호가들을 종종 만난다. 직업을 갖고 있으면서도 음악 듣는 일을 열심히 하는 이들이라 무척 대단해 보였다. 그들은 내게 전공을 한답시고 잊고 있었던 음악의 본질인 즐거움을 새삼 일깨워주었다.

몇 년 동안 음악 감상실에서 정기적으로 클래식 강의를 한 적이 있다. 청중은 대부분 퇴근을 하고 저녁에 음악을 듣기 위해 오는 이들이었다. 간혹 지방에서 내 강의를 듣기 위해 서울까지 오는 이도 있었는데, 그 열정이 대단해 보이기도 하고 궁금하기도 해서 왜 이렇게 열심히 음악을 듣는지, 보통 하루에 음악을 얼마나 듣는지 물어보았다. 대답은 아주 인상적이었다.

본인은 하루도 음악을 듣지 않고 지내는 날은 없으며 보통 하루에 아침저녁으로 4시간씩 음악을 듣는다고 했다. 그리고 이렇게 음악을 들은 지는 얼추 40년 이상이라고 했다. 40년! 하루 4시간씩! 대체 총 몇 시간을 음악 듣는데 사용한 건가? 계산기를 두드려 보니 5만 8,400시간이다. 무언가에 통달하는 데 필요하다는 1만 시간의 법칙과 비교해도 다섯 배가 넘는 시간이다. 게다가 앞으로 이분이 더 음악 감상에 사용할 시간까지 합치면 훨씬 어마어마하다. 그분은 항상 강의에 참석하면 조용히 음악을 들었다. 강의 도중 기억해야 할 문장이라고 생각되는 것을 열심히 필기할 뿐이었다. 얼마나 음악에 대한 내공이 깊은 분인지 알고 나서 나는 강의할 때마다 그분의 얼굴을 살피게 되었는데, 늘 한결같이 행복이 가득한 표정이었다.

나중에 들어보니 대학교 1학년 때 기숙사를 같이 쓰던 친구 덕에 클래식을 듣기 시작했고, 그 후 음악에 푹 빠져 취미로 악기까지 배웠다고 했다. 또한 일주일에 한 번은 무슨 일이 있어도 연주회장을 찾아 음악을 들었다고 했다. 그렇게 하다 보니 지금은 하루라도 음악을 듣지 않으면 꼭 해야 할 일을 못한 사람처럼 마음이 불편하다고 했다. 그분에게 음악 듣는 일은 하루를 시작하고 마치는 의식과 같은 것이었다.

최근 사람들이 리추얼 만들기에 열심이다. 리추얼과 루틴은 얼핏 비슷해 보이지만 약간의 차이가 있다. 루틴이 단순하게 반복적인 행동을 하는 것이라면, 리추얼은 그 행동을 하면서

 네 인생에 클래식이 있길 바래

자신을 성찰하고 생각을 정리하며 내 삶의 주인이 되는 연습을 하는 것이다. 즉, 리추얼을 행하는 것은 삶의 기초체력을 쌓는 일이다.

묻지도 따지지도 않고 아침에 눈을 뜨면 당연히 해야 되는 일을 정해보는 건 어떨까? 밥 먹고 자고 숨을 쉬는 것처럼 무의식적으로 하는 일을 정해서 행해보는 것이다. 일어나자마자 물 한 잔을 마시고 화장실을 다녀와서 바로 악기 앞에 앉는다는 유명 피아니스트의 인터뷰를 읽은 적이 있다. 그땐 뭘 그렇게까지 악기를 만지나 싶었는데, 지금 생각해보니 그에겐 악기를 만지는 일이 숨 쉬는 것처럼 무의식적으로 하는 리추얼이었다.

나도 매일 하는 습관의 힘을 경험한 적이 있다. 바로 말러 교향곡을 공부하며 귀가 트였던 경험이다. 나는 피아노를 연주한다는 핑계로 근현대 교향곡에 관심이 덜했는데 우연한 기회에 말러 교향곡에 대한 강의를 하게 되어서 울며 겨자 먹기로 들을 수밖에 없었다. 말러는 자신의 복잡한 내면세계를 음악으로 표현했기에 가볍게 들을 수 없다. 길이로 보나 내용으로 보나, 듣는 데 많은 노력을 필요로 한다. 게다가 악기가 다양하게 쓰이기 때문에 곡의 볼륨도 크다. 그래서 조용한 곡을 좋아하는 나는 더욱 말러를 꺼렸던 것이다. 하지만 알아야 했기에 날마다 계획표를 만들어 악장별로 나누어 들었다. 숙제를 하듯이 시간을 정해놓고 정해진 분량을 들었다.

한편 음악계에는 유명한 징크스가 있다. 바로 10번 교향곡을 작곡하다가 죽을지도 모른다는 것이다. 이는 베토벤이 9번 교향곡을 작곡하고, 10번 교향곡의 스케치만 남겨놓고 죽어서 후대의 작곡가들에게 생긴 징크스다. 이 때문에 말러도 9번이라는 숫자 대신 〈대지의 노래〉라는 제목으로 곡을 발표했는데, 결국 그도 징크스를 피하지 못하고 10번을 작곡하다 죽음을 맞이했다. 그가 남긴 교향곡 1번 〈거인〉부터 2번 〈부활〉과 10번 교향곡까지 악장별로 나누어 매일매일 듣다 보니, 어느 날인가부터 나에게도 말러가 말하고자 하는 음악적인 내용이 들리기 시작했다. 이는 마치 소리는 들리지만 내용은 이해하지 못하는 외국어를 지치지 않고 계속 듣는 일과 비슷했다. 집중하고 반복해서 듣다 보니 외국어에 귀가 트이듯 말러에 귀가 트였다.

무엇이든지 익히는 데는 시간이 걸린다. 많은 사람들이 클래식이 어렵다고 하는데, 나는 그들에게 클래식 공부에 얼마만큼의 시간을 썼는지 묻고 싶다. 클래식은 시간을 켜켜이 쌓아가며 전해내려온 고전이기에, 듣자마자 한순간에 이해되는 대중음악과 달리 듣는 데 인내가 필요하기 때문이다. 요즘 서점가에 보면 논어, 장자, 순자, 쇼펜하우어, 니체 등 고전을 쉽게 알려주는 책들이 인기다. 요즘 사람들이 고전에서 가르침을 얻고자 하는 흐름이 엿보인다. 그렇다면 나는 클래식도 음악의 고전이라는 관점에서 접근해보길 권한다. 시간을 견뎌낸 음악이기에 클래식이 주는 위안과 깨달음의 깊이가 분명 다를 것이다.

내가 말러를 듣기 위해 매일매일 계획표를 세워 들었듯이,

 네 인생에 클래식이 있길 바래

한번쯤은 클래식을 듣기 위한 노력을 해보았으면 한다. 아침에
옷을 갈아입으며 클래식 음악을 듣는다든지, 자기 전에 듣는
다든지 습관적으로 음악에 다가가는 연습을 해야 한다. 그러다
보면 안목이라는 것이 생기고 어느 날 듣는 귀가 열린다. 아침
에 일어나자마자 클래식 FM라디오로 몸과 마음을 깨우고, 밤
에 잠들 때도 핸드폰에 뜨는 난잡한 가십을 보는 대신 클래식
을 들어보면 어떨까? 침대로 가기 전에 20분 정도 차분한 음악
을 재생시키고 듣다가 스르르 잠이 드는 것도 좋은 방법이다.
영국의 시인 존 드라이든은 "처음에는 우리가 습관을 만들지
만, 그다음에는 습관이 우리를 만든다"라고 했다. 그렇게 하다
보면 누구나 클래식 애호가가 될 수 있다.

말러,
교향곡 《대지의 노래》 1악장
〈현세의 고통을 슬퍼하는 술의 노래〉

유튜브 검색어 

Mahler, Das Trinklied vom Jammer der Erde

평소 산과 호수를 즐겨 찾았던 말러가 말년에 온통 숲으로 뒤덮인 이탈리아의 토블라흐에서 완성한 곡이 바로 교향곡 《대지의 노래》다. 이 시기 말러는 죽음에 대한 두려움과 부인 알마의 외도로 인한 충격으로 마음 편한 날이 없었다. 염세적인 느낌이 강한 《대지의 노래》는 테너와 알토로 이루어진 두 명의 성악 독창자와 관현악단으로 구성된 6악장의 교향곡이다. 1907~1908년 2년에 걸쳐 작곡되었을 것으로 추정된다. 《대지의 노래》는 1911년 12월 말러의 열성팬들이 함께하는 자리에서 초연이 이루어졌다. 1911년 5월 생을 마감한 말러는 아쉽지만 초연을 보지 못했다. 말러를 너무나 믿고 좋아했던 후배, 지휘자 브루노 발터는 이 곡을 초연에서 지휘하다가 마지막 곡인 6악장 〈이별〉에서 왈칵 눈물을 쏟았다고 한다.

　각 악장이 하나의 독립적인 곡으로 전개되는 이 곡은 말러가 한스 베트게(1876~1946, 독일)의 번역 시 〈중국의 피리〉를 텍스트 삼아 작곡했다. 그런데 이 시의 원작자는 다름 아닌 중국 당나라 시대 최고 시인 이태백이다. 말러가 음악에서 동양적 요소를 사용한 것은 이 곡이 유일하다. 1악장 〈현세의 고통을 슬퍼하는 술의 노래〉, 2악장 〈가을에 고독한 사람〉, 3악장 〈청춘이란〉, 4악장 〈아름다움에 대하여〉, 5악장 〈봄에 술 취한 사내〉, 6악장 〈이별〉이라는 제목이 붙어 있다. 《대지의 노래》는 8번 교향곡 다음 곡이지만 9번이라는 숫자 대신 제목을 붙였고, 총 연주시간은 대략 65분이다.

fine

사회초년생에게
음악회 티켓은 부담스럽겠지만

나는 늘 너와 함께 작곡가 생전 당시의 연주 습관과 스타일에 따라 연주하는 정격연주회에 가보고 싶었지만, 외국에 갔을 당시는 네가 너무 어렸을 때라 포기해야 했다. 오스트리아 빈에 갔을 때 오페라 극장 티켓을 사서 공연은 보지 않고 중간 쉬는 시간에 들어가 공간만 둘러보고 나왔던 것이 기억날지 모르겠다. 너무 어려 긴 공연을 집중해서 보는 것은 어렵기에 그 공간만이라도 느끼게 해주고 싶었다. 넌 내게 물었다. 어차피 공연도 못 보는데 비싼 티켓을 왜 사느냐고. 나는 "네가 언젠가는 꼭 이곳에 다시 와 보길 바라는 마음에서 미리 보여주는 거야"라고 답했던 기억이 있다.

공간에 익숙해지는 것은 문화를 느끼는 좋은 방법 중 하나

    네 인생에 클래식이 있길 바래

다. 너무 어려서 혹은 익숙하지 않아서 공연을 보는 것이 어려울지라도 공간의 느낌을 기억하면 나중에 어른이 되었을 때 공연장을 가는 일이 어색하지 않고 수월해질 거라고 굳게 믿는다. 공연장이든 미술관이든, 도서관이든 극장이든 네가 그 공간에 가는 게 작정하듯 마음먹고 가야 하는 일이 된다면 더 이상 즐기는 것은 어려워진다. 특히 음악은 공간의 크기와 음향에 따라 느낌은 천차만별이기 때문에 꼭 현장에 가서 들어보길 권한다. 음악을 연주하는 현장만이 주는 생동감과 울림을 느낄 수 있을 것이다.

빈 오페라 극장에서의 정식 공연을 포기하고 선택했던 곳은 잘츠부르크에 있는 마리오네트 극장이었다. 어린 너를 생각해서 고민하고 골랐는데, 그마저도 너는 여행에서 강행군을 하고 난 저녁 시간이라 그랬는지 공연 내내 졸다가 나왔다. 클래식 공연은 대부분 저녁 8시경에 시작해서 10시가 넘어 끝나니, 어린 네가 졸리기도 했을 것이다. 두 번이나 비싼 티켓을 샀지만 허탕을 친 것 같았다. 너를 업고 호텔까지 걸어가면서 내심 화가 나지 않았다면 거짓말이다. 그렇게 본전을 생각하며 화를 다스리고 있을 때 내 등에 업힌 네가 했던 말이 아직도 생생하다. "엄마, 그래도 나쁜 아줌마(밤의 여왕)가 불렀던 그 노래랑 새잡이 파파게노가 부른 노래는 기억나요. 파파파파~~~ 이거 맞잖아요." 노래 한 곡이라도 기억하니 고마웠고, 너도 나중에 아빠가 되면 네 아이를 등에 업고 이런 대화를 나누겠지 하는 생각에 슬며시 화가 가라앉으면서 미소를 지었던 기억이 있다.

공연장에 직접 들어가려면 티켓을 사야 하는데, 사회 초년 생에게 클래식 연주회 티켓은 비싸 자주 구입하긴 어려울 것이다. 그렇다면 공연장 로비의 카페나 상점이라도 자주 드나들어, 그 공간에 발길을 내딛는 것이 어색한 일이 아니기를 바란다. 공연장 데이트가 꼭 공연을 봐야만 가능한 것은 아니다. 여름에 예술의 전당의 음악분수 앞에서 돗자리 깔아놓고 마음껏 음악을 들었던 일이나, 호주 시드니를 여행했을 때 오페라 극장 투어를 신청해서 공연장 내부를 구경했던 것처럼 음악을 즐기고 공연장을 느끼는 방법은 다양하다. 비록 일정이 맞지 않아 오페라 공연은 보지 못했지만, 나는 너와 그 공간을 함께 거닐었다는 것만으로도 너무 좋았다. 공연장 속 사람 구경도 재미있는 경험이었다. 국내든 해외든 여행을 한다면 그곳에 있는 공연장을 꼭 들러보길 추천한다. 예술을 즐기는 일이 너에게 어색하고 낯선 일이 아니길 바라기 때문이다.

요즘은 우리나라도 세계적인 콩쿠르를 휩쓴 젊은 클래식 연주자들의 영향인지 클래식 팬들이 많이 증가한 추세다. K-클래식의 위대한 영향력을 실감한다. 경제력이 있는 40대 이상의 골수팬들이 많고 20대 중후반 사회초년생들의 유입도 많아 보인다. 젊은 관객이 많아진 이유에는 그들의 부모 영향도 클 것이라고 짐작한다. 그들의 부모는 50대 정도일 텐데, 어릴 때부터 부모에게서 보고 배운 문화가 영향을 끼쳤을 것이다. 고기

 네 인생에 클래식이 있길 바래

도 먹어본 사람이 더 잘 먹는다는 말이 맞다. 무엇이든 경험이란 소중한 것이다.

클래식 연주회 티켓의 가격은 싸게는 2만 원부터 비싼 것은 50만 원까지 천차만별이다. 세계적인 명성을 얻었거나 한국에 잘 방문하지 않는 연주자일 경우는 독주회나 독창회임에도 불구하고 연주 개런티가 3억 이상을 기록하기도 한다. 인지도가 높은 세계 유명 오케스트라의 경우는 더 말할 나위가 없다. "두 명이 데이트하려면 최소 30만 원 이상은 있어야 한다"라는 신문 기사를 본 적이 있는데, 틀린 말이 아닌 셈이다. 하지만 고가의 연주회만을 고집할 필요는 없다. 잘 찾아보면 초대 티켓도 많고 '문화가 있는 날'이나 특별 할인 대상이 있는 티켓도 많다. 스스로 소비할 수 있는 범위 안에서 최대한 공연을 즐기면 그걸로 충분하다.

모차르트,
오페라《마술피리》중
〈파파게노와 파파게나의 이중창〉

유튜브 검색어

Mozart, Die Zauberflöte, Papageno Papagena

음악의 여러 장르 중 오페라는 이야기에 음악과 무용 그리고 무대장치라는 옷을 입혀 탄생한 것이다. 오페라는 지금으로부터 약 400년 전 이탈리아에서 등장해 그 후 독일과 프랑스에서 크게 발전했다. 바로크 시대에는 우리가 잘 알고 있는 헨델이 그 중심에 있었고, 고전 시대로 넘어와서는 천재 모차르트가 그 맥을 이어갔다. 모차르트의 오페라는 작품 하나하나가 모두 유명하다. 음악가들이 말하는 모차르트의 3대 오페라는《피가로의 결혼》,《돈 지오반니》,《코지 판 투테Così fan tutte(여자란 다 그래)》인데, 아이들에겐 뭐니 뭐니 해도 말년의 작품인《마술피리》가 단연 인기다.《마술피리》는 2막 오페라로 1791년 9월 무대에 올려졌다.

주인공은 이집트의 왕자 타미노와 그가 구하려고 하는 밤의 여왕의 딸인 공주 파미나다. 밤의 여왕은 딸을 구해줄 타미노 왕자에게 마술 피리를 선물하며 어렵고 힘든 순간에 이 피리가 도움을 줄 거라고 말한다. 타미노 왕자는 그의 조수이자 친구이며 길동무인 새 장수 파파게노와 함께 파미나 공주를 구하러 떠난다. 그런데 알고 보니 여왕이 나쁜 사람이었고, 공주를 데리고 있는 사람은 선한 철학자였다. 나쁜 여왕을 물리치고 왕자와 공주는 결국 사랑을 이루게 된다. 또 왕자의 길동무 파파게노도 파파게나를 만나 연인이 된다.

아이들은 파파게노가 2막에서 부르는 파파게나와의 2중창을 참 좋아한다. "파파파파 파파게노!", "파파파파 파파게나!"라고 주고받으며 반복되는 멜로디가 흥겹다. 모차르트의 대표작이라고 불리는 다른 작품은 모두 이탈리아어로 된 화려하고 세련된 오페라인 반면,《마술피리》는 서민들의 언어인 독일어로 만들어진 소박한 작품이다. 우리말로 된 마당놀이를 볼 때와 외국어로 된 오페라를 볼 때 우리가 받아들이는 수준이 다른 것처럼 사람들은 알아들을 수 있는 독일어로 된《마술피리》를 정말 재미있어했다. 초연되었던 곳도 귀족들이 다니는 화려한 극장이 아니라 서민들이 쉽게 드나들수 있는 대중극장이었다. 그 덕에《마술피리》는 초연부터 지금까지 아주 오랫동안 사람들의 사랑을 받고 있다.

fine

흘려듣는 경험으로 시작하기

기억이 잘 나지 않지만 할머니 말로는 내가 TV에서 동요만 나오면 그렇게 따라 불렀다고 한다. 노래를 좋아했던 걸까? 아니면 집에서 동요를 많이 들었던 영향이 컸을까? 초등학교 선생님이었던 할머니는 교과서에 나오는 동요를 많이 들려주었고, 집안일을 할 때도 늘 멜로디를 흥얼거렸다. 어릴 때 동요를 통해 익혔던 멜로디를 기억하는 법은 어른이 되어서 클래식의 멜로디를 기억하는 데 많은 도움을 주었다. 결국 음악은 멜로디를 기억하는 일이니까 말이다.

나의 직업이 피아니스트라고 하면 주변의 엄마들은 이렇게 묻는다. "음악 교육은 어떻게 시키세요?" 어떤 대답을 해야 할까 고민해보아도 별로 할 말이 없다. 특별한 방법이 없기 때문이다. 그저 나는 음악을 자주 들려주는 것이 무엇보다 중요하

    네 인생에 클래식이 있길 바래

다고 생각해서 음악을 공기처럼 사방에 흩어놓았다. 너의 할머니가 내게 해주었던 방법과 같은 셈이다. 음악이 천천히 스며들어 있는 듯 없는 듯 항상 곁에 있는 존재가 되길 바랐다. 네가 아주 어렸을 때부터 아침에 일어나면 클래식 라디오를 가장 먼저 켰는데, 이것은 지금까지도 침대에서 나오면 가장 먼저 하는 루틴으로 자리잡았다.

음악을 교육시키는 것은 크게 두 가지 목표가 있다. 하나는 악기를 잘 연주하도록 하기 위함이고, 다른 하나는 음악을 사랑하게 만들기 위함이다. 그런데 아이에게 악기 연습이 재미있는 경험이 아니라 힘든 일로만 여겨진다면, 음악을 사랑하게 만드는 것은 불가능에 가깝다. 엄마 뜻에 따라 억지로 피아노 학원에 다니다가 선생님한테 손등을 맞게 되어 그 길로 피아노에 흥미를 잃는 경우도 흔하다.

대부분의 사람들이 악기를 처음 접하는 경로는 부모님 손에 이끌려 피아노 학원이나 바이올린 학원엔 다니면서부터다. 그런데 악기라는 게 날마다 반복적으로 연습하지 않으면 절대 실력이 향상되질 않으니 자발적인 연습을 싫어하는 아이라면 악기를 그만두는 건 시간문제인 것이다. 연습을 참고 견디지 못한다면 딱 그만큼만 좋아하는 것이기 때문에 억지로 무리하게 시킬 필요는 없다. 가장 최악은 악기 연습을 싫어하다 음악까지 싫어하게 되어서 두 마리 토끼를 다 놓치는 일이다. 나는 사람들에게 악기를 못하는 건 문제가 안 되지만, 음악을 싫어해서 멀리하는 건 안타까운 일이니 일단 악기 연주보다 음악을 자주 접하게 해주라고 권한다. 우리는 익숙한 것에는 적응이 빠르기 때문이다.

물론 아무리 음악을 흘려놔도 관심이 없을 수도 있다. 하지만 음악을 들었던 경험이 있는 사람과 그렇지 않은 사람은 나중에 음악을 접하는 태도만은 확실히 다르다. 낯설지 않기에 쉽게 마음이 무장해제되고 음악을 수용할 자세를 갖추게 된다. 흘려 듣기의 경험이 빛을 발하는 것이다.

어려운 책을 처음부터 끝까지 읽어내 그 사실만으로도 뿌듯했던 경험이 있을 것이다. 클래식도 처음 접할 때는 큰 걸 바라지 말고 그저 끝까지 들어본다는 자세로 시작하길 권한다. 짧은 곡으로 시작해서 점차 곡의 길이가 긴 것으로 넘어가자. 그리고 끝까지 듣는 것에 익숙해졌다면 들었던 제목과 작곡가를 적고 단 몇 줄이라도 느낀 감정을 기록해보자. 들으면서 느끼고, 회상하면서 느끼고, 손으로 쓰면서 다시 느끼다 보면 보이지 않는 음악이 점점 어떠한 형태를 갖추어 마음속으로 다가오기 마련이다.

추상적인 생각을 손으로 쓰다 보면 나도 모르게 정리가 되고 기억 속에 깊이 저장된다. 이것은 음악을 전공하는 학생들에게도 '연습 일기'라는 이름으로 권하는 방법이다. 그날의 연습과 성과, 그날의 컨디션과 생각을 기록하는 것인데, 이게 쌓이면 자신과 음악을 파악하는 데 아주 좋은 정보가 된다. 같은 음악

 네 인생에 클래식이 있길 바래

이지만 다르게 다가왔던 상황들을 기록해보는 것도 좋다. 익숙하다고 생각했던 곡이 상황에 따라 완전히 다른 음악이 되기도 하기 때문이다. 이렇게 흘려듣는 경험으로 시작해서 기록하는 일까지 나아갔다면 음악은 이제 너의 생활에 없어서는 안 될 존재가 되었을 것이다. 바쁜 와중에도 음악이 끝날 때까지 듣고 싶은 간절한 마음이 생긴 너를 발견하길 바란다.

생상스,
《동물의 사육제》 중 〈피날레〉

유튜브 검색어 

Saint Saens, Carnival of the Animals Finale

생상스(1835~1921)는 프랑스 국민주의 음악 협회를 결성해 활동하는 등 음악적인 면에서 매우 부지런하고 적극적으로 활동한 19세기 프랑스의 대표 작곡가다. '모차르트의 재래'라고 불릴 만큼 천재 중의 천재였던 그는 1886년 오스트리아에 사는 친구 집을 방문했다가 카니발 음악회용으로 《동물의 사육제》를 작곡했다.

총 14곡 구성의 관현악 모음곡으로 가장 유명한 13번째 곡 〈백조〉를 제외한 나머지 곡들은 생전에 발표하길 꺼려했

네 인생에 클래식이 있길 바래

다. 〈백조〉는 생상스의 곡 중 가장 많은 사랑을 받는 곡이지만, 영화 《판타지아 2000》을 본 사람들은 그보다 마지막 〈**피날레**〉에 푹 빠지곤 한다. 전공자인 내 입장에서도 음악과 영상을 이렇게 완벽하게 맞추어놓은 것은 보지 못했다.

《판타지아 2000》은 월트 디즈니가 1940년 만화 속에 클래식을 도입하여 만든 영화 《판타지아》에 근원을 두고 있다. 당시에는 흥행에 실패했지만 60년이 지난 후에 조카 로이 에드워드 디즈니가 다시 손을 봐 《판타지아 2000》으로 재탄생시켜 흥행에 성공했다. 영화에는 각기 다른 작곡가의 여덟 곡에 대한 설명이 연주와 함께 상상력 가득한 애니메이션으로 등장하는데, 〈요요를 하는 홍학〉 편에 나오는 곡이 바로 까미유 생상스의 〈피날레〉다.

빠르고 경쾌한 선율에 종횡무진 건반을 넘나드는 피아노 연주가 흥을 돋우는데, 영화에서는 홍학들이 함께 춤을 추며 움직이는 모습으로 곡의 분위기를 절묘하게 표현했다.

영화 《판타지아 2000》의 〈요요를 하는 홍학〉 편의 한 장면

거슈윈,
〈랩소디 인 블루〉

Gershwin, Rhapsody in Blue

조지 거슈윈(1898~1937)은 20세기를 대표하는 미국 작곡가로 〈랩소디 인 블루〉를 무려 3주 만에 작곡했다. 그는 재즈 기교를 이용해 대중적이면서도 수준 높은 관현악곡과 오페라를 작곡해 클래식 음악계에서 새로운 분야를 개척했다. 랩소디는 민족적인 색채를 가진 자유로운 환상곡으로, 원래 고대 그리스에서 여러 마을을 떠돌아다니며 노래를 통해 사람들에게 세상의 소식을 전하는 유랑 가수를 일컫는 말이었다. 거슈윈은 자기가 그런 역할을 하기를 바란다고 대답하면서

네 인생에 클래식이 있길 바래

이 곡의 제목을 랩소디라고 지은 이유라고 말했다.

〈랩소디 인 블루〉는 목관악기인 클라리넷의 장난스럽고 익살스런 연주로 시작되어 피아노가 자유자재로 기교를 뽐내고 관악기의 선율이 합쳐지면서 신나게 진행된다. 악장의 구분 없이 하나의 음악으로 쭉 이어지는 곡이다.

영화《판타지아 2000》의 〈30년대 뉴욕의 일상〉 편에서는 이 곡이 미국 블루칼라의 삶으로 익살스럽게 표현된다. 특히 엇박자와 당김음으로 신나게 연주되다가 갑자기 템포가 느려지면서 등장하는, 스케이트를 타는 장면은 바쁜 일상 속에서 여유를 바라는 노동자들의 마음을 대변한다. 마지막에 웅장하게 울려 퍼지는 오케스트라의 총주에서는 밥벌이의 숭고함까지 느껴져 나도 모르게 가슴이 뜨거워진다.

영화《판타지아 2000》의 〈30년대 뉴욕의 일상〉 편의 한 장면

fine

씨를 뿌리는 농부의 마음으로 근면하게

텔레만

가까운 친척 중에 크게 자수성가한 분이 있다. 학력이나 집안 배경이 좋은 것도 아니다. 빈손으로 상경해서 사업을 크게 일귀냈는데, 어르신의 가장 큰 특징은 매우 부지런하고 생각한 것을 바로 실행에 옮긴다는 것이다. 성공을 한 지금도 여전히 나이를 잊고 활발히 활동하는 것은 물론이다. 어릴 때는 성공에 별로 관심이 없어 주의 깊게 보지 않았는데, 살아 보니 어르신처럼 근면하게 살기가 참 쉽지 않구나 하는 경외감이 든다.

음악가 중에도 자신의 삶을 부지런히 돌보며 차곡차곡 성공을 이루어낸 인물이 있다. 바로 부모의 도움 없이 독학으로 음악의 기초를 닦은 독일의 작곡가 텔레만이다. 게오르크 필리프 텔레만(1681~1767)은 우리가 바로크 작곡가로 익히 이름을 들어본 바흐나 헨델과 비슷한 시기에 활동했던 작곡가다. 바흐, 헨델보다 네 살 많으며 당시에는 가장 뛰어난 바로크 작곡가로 명성을 떨쳤었다. 바흐의 집안이 7대에 걸쳐 50명이나 되는 음악가를 배출한 것에 비하면 텔레만의 집안은 평범했다. 하지만 그는 열 살 때 음악을 처음 접하자마자 소질을 드러냈고 무려 열두 살에 오페라를 작곡했다. 이러한 재능에도 불구하고 텔레만은 집안에 보탬이 되었으면 하는 어머니의 뜻에 따라 라이프 치히 대학 법학과에 입학한다. 낭중지추라고 했던가? 주머니에 든 송곳이 저절로 드러나듯이 그의 음악에 대한 열정은 멈추지 않아 결국 일찍 법대를 그만둔다.

그는 독학으로 악보를 널리 탐독하여 실력을 쌓았다고 전해 진다. 그리고 1707년, 텔레만은 아이제나흐 궁정의 지휘자로 임명된다. 이후에는 북부의 함부르크 교회에서 음악감독으로 죽을 때까지 재직했다. 함부르크로 건너가기 전, 라이프치히에 서도 음악감독직을 제안받는데, 텔레만은 이것을 함부르크 교 회와 연봉 협상을 할 때 이용해서 현실적인 이익을 얻어내기도 했다. 예술가라는 허울로 생활을 등한시하지 않은 것이다. 나는 그의 현실적인 면모가 인간적으로 좋다.

텔레만은 함부르크에서 노래와 음악 이론을 가르치고, 특별 한 행사가 있을 때는 종교 음악을 작곡하면서, 일요일마다 두 개의 칸타타를 썼다. 예술가라고 하면 한량처럼 지내다가 영감 이 떠오를 때만 잠깐 작곡을 하는 것으로 오해하곤 한다. 하지만 위대한 작곡가들의 겉모습은 물 위에 고고하게 떠 있는 백조 같아도 실상은 물 아래서 부지런히 움직이는 경우가 많다. 텔레만의 24시간도 그러했다. 본업인 음악감독과 교사에 더해 행사 때마다 음악 기획뿐만 아니라 작곡과 연주를 했고, 지역 오페라 하우스에서 감독을 맡으면서 재정에 대한 책임까지 졌다.

그는 여러 곳을 다니며 새로운 음악 양식을 접했고, 자신의 음악을 연주할 수 있는 자신만의 연주단을 만들었다. 1702년 자신의 음악을 연주하는 40명 규모의 '콜레기움 무지쿰'을 만들었는데, 이것은 일종의 음악동호회로 음악을 좋아하는 사람들끼리 함께 모여 연주하는 단체를 말한다. 자신의 음악을 연주할 수 있는 단체가 있다는 건 작곡가 입장에서 아주 감사한 일이다. 외골수로 혼자서만 음악을 하는 게 아니라 자신의 음악을 함께 나눌 사람들을 언제나 곁에 두었던 그의 포용력과 리더십도 본받을 만하다.

1708년 텔레만은 아이제나흐에서 음악감독을 하다가 아내가 세상을 떠나는 슬픔을 겪는다. 아이를 낳다가 죽은 것이다. 가족의 죽음이라는 슬픔을 겪고 1712년 프랑크푸르트로 일자리를 옮긴 텔레만은 재혼을 한다. 하지만 두 번째 부인은 자주 외도를 했고 도박에 빠진데다, 그녀가 진 빚으로 인해 텔레만의 월급도 압류되어 파산 지경에 이른다. 그 후 1755년에는 장남 안드레아스가 아들을 남기고 세상을 떠나 손자를 양육할 책임을 지게 된다. 자식의 죽음에 큰 상처를 받았을 테지만 그는 슬픔에 잠겨 생을 포기하기보다는 생활 근거지를 옮겨 새로운 환경에 적응하려고 노력했다. 비록 재혼한 아내가 파산에 이를 정도로 재정 상황을 심각하게 만들었고 아들까지 죽는 절체절명의 슬픔을 경험했지만, 그는 무너지지 않은 것이다. 게다가 이 시기에 종교적인 음악에 심취해서 1755~1762년에 이르는 7년 동안에는 여섯 곡의 오라토리오(종교적 내용의 성악곡)를 작곡했다.

그는 전 생애에 걸쳐 겪었던 모든 슬프고 힘들었던 일들을 음악으로 승화시켰다. 텔레만은 시력이 나빠져서 1762년 이후부터는 차츰 작곡을 줄이지만, 그래도 1767년 죽는 날까지 작곡을 멈추지는 않았다. 생전에 자신의 이야기를 쓴 두 권의 자서전까지 집필했다. 한시도 쉬지 않고 근면하게 인생을 살다간 텔레만에게 존경의 박수를 보내게 된다.

텔레만,
트럼펫 협주곡 라장조 1악장
아다지오 TWV.51:D7

Telemann, Trumpet Concerto in D TWV.51:D7 I Adagio

텔레만의 작품번호는 TWV로 되어 있는데, 조성을 알면 더 기억하기 쉽다. 예를 들면 TWV.41:C1에서 41은 실내악곡을 의미하고 C장조(다장조)로 된 첫 번째 곡이라는 뜻이다. 단조의 경우 TWV.41:f1와 같이 소문자로 표기되는데, 이것은 실내악곡이고 바단조로 된 첫 번째 곡이라는 뜻이다. 앞의 숫자는 장르를 나타내는 것으로 1~55까지 있다. 1~25번까지가 성악곡이고, 26~55번까지가 기악곡이다. 특히 1~25번까지의 성악곡은 'Vocal'의 약자인 V를 추가하여 TVWV(텔레만 성악작품목록)으로 표기하고 있어서 작품명만 봐도 성악곡인지 기악곡인지 알 수 있다. 콜론 뒤의 영문에서 대문자는 장조를, 소문자는 단조를 나타내며 그 뒤 숫자는 각 장르별 작품번호를 가리킨다.

트럼펫 협주곡이라고 하면 고전 시대 하이든이 제일 먼저 떠오르지만 텔레만을 듣고 나서는 생각이 달라질 수도 있다. 나는 텔레만의 트럼펫 협주곡을 처음 들었을 때 나도 모르게 주르륵 눈물이 흘렀다. 트럼펫의 연주가 빠르고 경쾌할 것이라는 편견과 달리 그의 협주곡은 서정적이다. 1악장은 보통 많이 사용하는 알레그로(빠르게) 대신 아다지오(아주 느리게)로 연주된다. 4악장 구성으로 아다지오-알레그로-그라베(장중하고 느리게)-알레그로 순서다. 눈을 감고 조용히 2분가량의 1악장을 듣다 보면 마치 텔레만이 우리를 잘 살고 있다고 토닥여주는 느낌을 받는다.

fine

삶의 비정형성을 말하다

드뷔시

프랑스 작곡가 클로드 드뷔시(1862~1918)의 음악은 마치 내가 하지 못하는 일을 용기 있게 대신해주는 것 같은 느낌이다. 그래서인지 현실에서 규칙적인 생활을 하는 모범적인 직업을 갖고 있는 사람일수록 드뷔시에게 매력을 느끼는 경우를 많이 보았다.

그는 학교의 획일화된 교육과 서양음악의 규칙과 형식을 거부했던 작곡가였다. 불성실하고 무능한 아버지 탓에 교육다운 교육을 받지 못했는데, 다행히 교양이 풍부한 고모의 도움으로 파리음악원에 입학한다. 그런데 그는 정형화된 교육을 했던 음악원을 싫어했다. "부패한 전통의 먼지가 여전히 손에 들러붙어 있는 우울하고 더러웠던 곳이다"라고 드뷔시는 회상했다.

 네 인생에 클래식이 있길 바래

자기만의 작곡 방식으로 음악계의 인정을 받고자 했던 드뷔
시는 1884년 국가 장학금이 걸려 있는 로마대상에 칸타타 〈**방
탕한 아들**〉을 출품해 1등을 거머쥔다. 그 후 로마에 가서 3년을
공부하고 다시 파리에 돌아온 드뷔시는 1889년 파리 만국박람
회에서 인도네시아 타악기 합주 연주를 듣고 동양의 음계와 타
악기 구성 그리고 화음과 화성에 깊은 관심을 가진다.

지금껏 서양음악은 어느 특정 한 음을 중심으로 하는 장단조
의 조성체계에 익숙해져 있었는데, 드뷔시는 과감히 그 법칙을
깨고 자연스러운 음악의 흐름을 강조하며 선율보다는 화성에
중점을 둔다. 그래서 장단조의 조성에서 벗어나 모든 음들이
온음 간격으로 이루어져 있는 온음계로 곡을 만든다.

결국 300년을 이어왔던 조성체계와 화성을 압도하는 선율의
지배력 등은 드뷔시로 인해 붕괴되었고, 새로운 현대음악의 장
이 열렸다. 드뷔시는 고정된 틀과 사물을 버리고 구름, 바람, 바
다, 향기, 물과 같이 움직이는 것들에 대한 인상을 음악에 표현
했다. 그는 미묘한 음색의 변화를 통해 찰나의 느낌을 그려내
는 건반 위의 화가였다.

상징주의˙와 인상주의가 발전하던 프랑스에서 드뷔시는 애
매하고 모호한 드뷔시만의 음악을 만들어낸다. 모든 것을 직접

˙ 말라르메(1842~1898, 프랑스)나 보들레르(1821~1867, 프랑스)의 시처럼 특정 단어가
지니고 있는 사전적 의미보다는 그것이 상징하는 의미에 더 초점을 맞추는 사조
를 말한다.

적으로 표현하지 않고 남겨두는 것은 드뷔시 음악의 전형적인 특징이다. 드뷔시는 관현악곡 〈**목신의 오후에의 전주곡**〉을 통해 제대로 드뷔시다운 새로운 음악을 선보인다. 주관적 감정을 아주 세세하게 음색으로 표현한 곡으로 한 음 한 음 완벽하게 분석하며 이해하려기보다는 온몸으로 듣고 느끼면 된다.

한편 드뷔시는 상당한 여성편력을 가지고 있었다. 첫 번째 부인인 릴리와의 결혼생활 중에 부유한 은행가의 처인 엠마 바르닥을 알게 되는데, 엠마로 인해 릴리가 권총으로 자살을 시도했고 1905년 결국 드뷔시와 릴리는 헤어진다. 드뷔시로 인해 두 명이나 자살을 시도했다는 것은* 도덕적으로 큰 지탄거리가 되었고, 이 일로 그는 작곡가 쇼송(1855~1899, 프랑스)과 유진 이자이(1858~1931, 벨기에) 등 많은 친구들을 잃었다. 음악뿐만 아니라 사랑에서도 자유분방한 성격이 여실히 드러났던 드뷔시였다.

그는 이성을 사랑하는 데도 사회적 규약이나 도덕적 기준에 따르기보다는 그저 자기 마음 가는 대로 자유롭게 감정을 표현했다. 규범과 제약 안에서 지극히 평범한 일상을 살아가는 사람들에게 그의 용기는 부러움의 대상일 뿐이었다. 그에게 사랑 없는 결혼은 무의미했던 것처럼 자유로움 없는 음악은 음악이 아니었던 것 아닐까?

* 릴리와의 결혼 이전에도 또 다른 연인 가브리엘 뒤퐁이 자살을 시도했다.

 네 인생에 클래식이 있길 바래

여성편력과 그로 인해 친구를 잃은 점 등을 살펴보면 드뷔시
는 그저 한없이 연약하고 부족한 사람이지만, 그의 음악이 사
랑받는 이유는 아마도 듣는 이가 현실에서 이루지 못하는 것들
을 대신 이루어주는 것 같은 대리만족을 주기 때문일 것이다.
바람처럼 자유롭고 물처럼 흘러갔던 사람, 새로운 것을 보면
언제나 눈이 휘둥그레지고 귀가 쫑긋했던 사람인 드뷔시의 음
악은 19세기 전쟁이 없는 아름답고 평온한 시절인 '벨 에포크'
를 대표한다. 편안한 익숙함보다는 낯선 설렘을 느끼고 싶을
때 그의 음악을 들어보라.

드뷔시,
《베르가마스크 모음곡》 L.75 중 〈달빛〉

유튜브 검색어 

Debussy, Suite bergamasque L.75 Ⅲ Clair de lune

〈달빛〉은 네 곡으로 구성된 모음곡 《베르가마스크 모음곡》 중 세 번째 곡이다. 원래 피아노 독주곡이지만 바이올린이나 플루트가 연주하는 형태로 편곡되기도 한다. '베르가마스크'란 이탈리아 베르가모 지방의 춤곡을 일컫는 것으로, 드뷔시가 베르가모를 여행하고 돌아와 1890년에 작곡했다. 28세 때의 초기 작품으로 우아하고 환상적인 느낌이 아르페지오(펼침화음) 기법으로 펼쳐진다. 상징주의의 대표 시인 베를렌의 〈월광Clair de Lune〉을 읽고 작곡했다고 알려져 있다.

《판화》 L.100

유튜브 검색어

Debussy, Estampes L.100 

1903년 드뷔시의 상상으로 작곡된 곡이다. 세 곡으로 이루어져 있는데, 음악을 듣고 나면 마치 한 편의 수채화를 감상한 느낌이 든다. 명상 음악 같기도 하고, 요가를 해도 어울릴 것 같은 오묘한 분위기의 동양적 색채를 띤다. 프랑스 사람이 작곡한 곡이라고 상상이 되지 않을 정도다.

첫 번째 〈탑〉, 두 번째 〈그라나다의 밤〉, 세 번째 〈비 오는 정원〉으로 구성되어 있다. 드뷔시는 가본 적 없고, 본 적도 없는 탑이라는 물체와 스페인 그라나다의 풍경을 오로지 자신의 상상에 의해 창조해냈다.

fine

6장

클래식을 더 깊이 있게 즐기는 법

오케스트라 구성 이해하기

피아노를 하면서 가장 아쉬운 것이 오케스트라 연주에 참여하지 못한다는 것이다. 가끔 오케스트라에 피아노가 쓰이긴 하지만 대부분의 오케스트라 곡에서 피아노는 제외다. 때문에 많은 연주자들과 함께 무대에 서는 오케스트라 연주는 언제나 선망의 대상이었다. 큰 무대에 연주자가 한 명씩 악기와 함께 등장하는 모습을 볼 때마다 나는 물개 박수를 친다. 각자의 자리에서 가장 어울리는 멋진 소리를 내는 그들의 모습에 푹 빠져 음악을 들으면 너무나 조화로워서 행복하다.

그런데 **오케스트라**Orchestra는 무슨 뜻일까? 지금 우리가 '오케스트라'라고 부르는 것은 연주자들을 모아놓은 단체를 말한다. 오케스트라는 적게는 20명부터 많게는 100명 이상까지 규모가 다양하다. 예전에는 오케스트라가 연주자들의 집합체가 아닌 하나의 공간을 의미했다. 시간을 거슬러 고대로 가보면 고대음악은 마치 연극과 같았다. 무대가 정면에 있고 그 아래 반원 모양의 공간이 있었는데, 그곳에서 합창단원이 노래를 불렀다. 무대 위의 대사와 무대 아래 합창이 반반씩 공존했던 것이다. 즉, 오케스트라는 바로 그 합창단이 서 있던 반원모양의 공간을 의미했다. 그러다가 연극에 노래를 가미한 오페라가 등장하면서 무대 위에서 성악가들이 연기와 노래를 동시에 하니, 반원형의 아래 공간에서는 악기 연주만 하게 된 것이다. 오케스트라는 관악기와 현악기가 같이 연주하기 때문에 관현악단이라고도 하고, 주로 교향곡을 연주하니 교향악단이라고도 한다. 연주자들의 집합체로서 오케스트라의 탄생은 대략 16세기경으로 추정할 수 있다.

오케스트라의 이름도 다양한데 교향곡을 주로 연주하는 규모가 큰 관현악단을 **심포니**Symphony **오케스트라**라고 한다. **필하모니**Philharmony **오케스트라**라고 부르기도 하는데, 필하모니는 하모니를 사랑한다는 뜻으로 음악을 사랑하는 후원자들을 의미한다. 우리나라에서는 심포니 오케스트라나 필하모니 오케스트라나 별 차이가 없다. 서양의 음악 시스템이 우리나라에 들어온 지 그리 길지 않고 음악적인 환경이 다르기 때문이다. 독일의 베를린 필하모니나, 오스트리아의 빈 필하모니, 미국의 뉴욕 필하모니의 명칭을 들으면 오래된 역사를 가지고 있고, 애호가들의 후원이 있었구나 하고 이해하면 된다. 한편 큰 방에서 연주할 수 있을 정도의 15명 이내의 소규모 오케스트라는 **쳄버**Chamber **오케스트라**라고 한다. 여기서 쳄버는 '방'을 의미한다.

오케스트라의 악기는 크게 네 그룹으로 나뉜다. 지휘자를 중심으로 현악기, 목관악기, 금관악기 순서로 위치하고, 무대 맨 마지막 왼쪽에는 타악기가 위치한다.

현악기는 현을 사용하는 악기로 바이올린, 비올라, 첼로, 더블베이스 등이 있다. 특별히 바이올린족이 아닌 현악기로 하프가 속해 있다. 바이올린족 악기들은 현을 문질러서 소리를 내기 때문에 찰현악기라고 하지만 하프는 수많은 현을 뜯어서 소리 내기 때문에 발현악기라고 한다. 바이올린은 제1바이올린과 제2바이올린이 있는데, 제1바이올린이 주 멜로디를 담당하고 제2바이올린은 화음이나 다른 악기와의 자연스러운 연결을 해주는 윤활유 역할을 한다. 그래서 현악기군은 제1바이올린, 제2바이올린, 비올라, 첼로, 더블베이스 이렇게 5부로 구성된다.

목관악기는 나무로 만든 관을 이용한 악기를 뜻하는데, 지금은 모두 나무가 아닌 금속으로 만든다. 그래서 사람들이 혼동하는 경우가 종종 있다. 목관악기의 종류에는 플루트, 오보에, 클라리넷, 바순(파곳이라도고 함), 색소폰 등이 있다. 색소폰Saxophone은 1840년대 초 벨기에의 악기 제조자였던 아돌프 삭스(1814~1894)가 발명한 악기로 군악대에서 사용될 클라리넷과 금관악기를 조화롭게 연결하는 음색의 악기로 탄생했다. 색소

폰은 클래식 오케스트라에 쓰이는 경우는 드물지만, 재즈나 현대음악에서는 음악에 독특함을 입히는 중요한 역할을 한다. 오케스트라는 목관악기의 개수에 따라 2관 편성, 3관 편성, 4관 편성으로 구분되는데 오보에가 두 대면 2관 편성, 세 대면 3관 편성이다. 3관 편성일 경우는 모두 오보에로 연주하는 것이 아니라, 제3연주자는 잉글리쉬 호른이라는 이름의 오보에 사촌 악기를 연주하는 경우가 많다. 플루트도 세 대일 경우 마지막 제3연주자는 피콜로라고 불리는 높은 음역대의 작은 플루트를 연주한다. 그밖에도 베이스 클라리넷, 베이스 바순이 추가되기도 한다. 이것은 모두 악보에 작곡가가 상세하게 써놓았기 때문에 그대로 따르면 되고, 간혹 지휘자의 개인적인 음악 해석에 의해 비슷한 악기들을 추가되기도 한다.

금관악기는 금속으로 된 악기로 연주자의 비율이 높은 호른, 높은 음역을 담당하는 트럼펫, 슬라이드를 앞뒤로 밀고 당기며 연주하는 트럼본, 저음을 담당하는 튜바 등이 있다. 금관악기도 소리가 큰 트럼본이나 튜바는 뒷줄에 위치한다.

이외에 마지막 줄에 위치하는 **타악기**는 음의 높낮이가 있는 팀파니와 기타 타악기 등으로 구성된다. 타악기의 종류는 아주 다양하고, 곡에 따라 작곡가가 정해놓은 악기로 연주한다.

오케스트라는 지휘자를 중심으로 여러 사람들이 음악적인 생각을 맞추어나가는데, 지휘자가 부재할 경우 부지휘자가, 부지휘자도 없는 경우에는 악장(제1바이올린 수석, 콘서트마스터)이 그 역할을 대신한다. **악장**은 지휘자의 가장 가까운 왼쪽 첫줄에 앉아 있는 사람으로 악단의 연주자들 중 마지막으로 무대에 등장해 인사를 하고 조율을 한다.

현악기 연주자는 각 파트별로 두 명씩 한 줄에 앉는데, 이때 수석들은 객석쪽에 가깝게 앉는다. 오케스트라에서 어느 자리에 앉아 연주를 하느냐는 굉장히 민감하고 중요한 부분이다. 오케스트라에서 악기의 자리배치는 유럽식과 미국식으로 나뉘는데, 유럽식(독일식)은 객석에서 무대를 바라볼 때 왼쪽부터 제1바이올린, 첼로, 비올라, 제2바이올린으로 배치하고 더블베이스는 첼로 뒤에 위치한다. 미국식은 제1바이올린, 제2바이올린, 비올라, 첼로, 첼로 뒤에 더블베이스가 위치한다. 우리나라에서는 주로 미국식으로 배치하는데, 바이올린을 둘로 나누어 양쪽 날개처럼 배치하는 것이 유럽식과의 차이다.

실험정신으로 다양한 자리배치를 했던 것으로 유명한 지휘자 레오폴드 스토코프스키(1882~1977, 폴란드계 영국인)는 1939년엔 목관악기를 맨 앞에 두고 그 뒤로 왼쪽부터 트럼펫, 현악기, 호른, 그 뒤로 트럼본, 더블베이스, 타악기를 두는 '업사이드 다운' 오케스트라를 만들었다. 하지만 이 배치는 절대적인 것은 아니고 곡의 특성에 따라 혹은 지휘자의 음악적 해석에 따라 절충되기도 한다. 오케스트라 공연에 가서 어떤 배치를 사용했는지 유심히 관찰하는 것도 재미난 감상법이다.

오케스트라의 역사는 나라마다 각각 다르다. 세계적인 지명

 네 인생에 클래식이 있길 바래

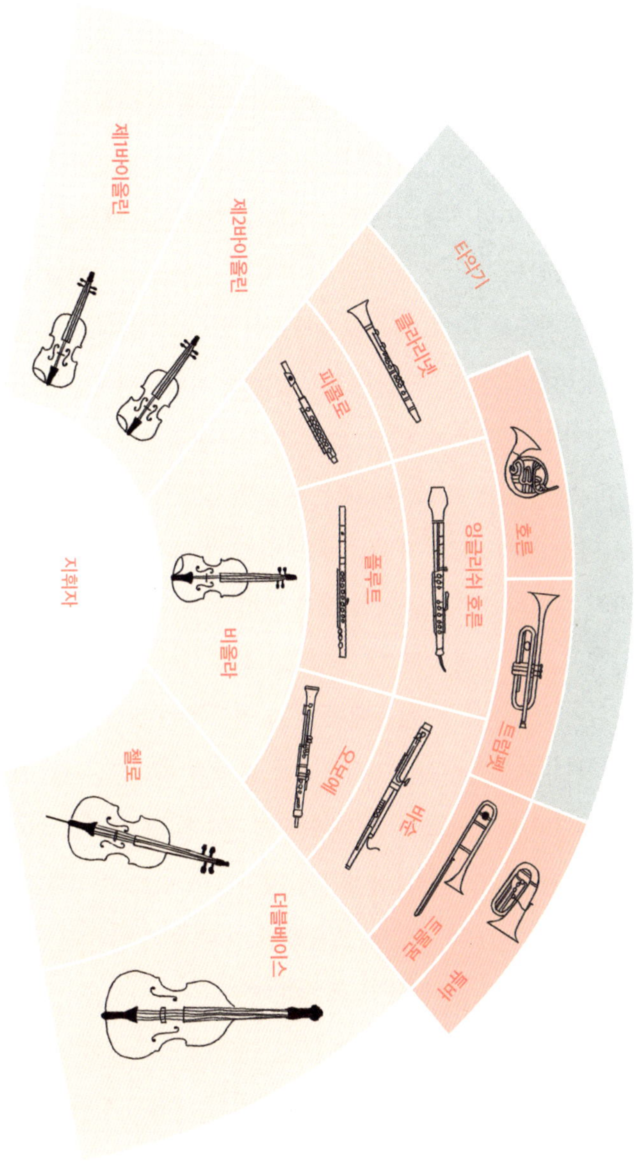

미국식 오케스트라 악기 배치도
제1바이올린
제2바이올린
지휘자
비올라
첼로
더블베이스
타악기
클라리넷
피콜로
플루트
잉글리시 호른
호른
트럼펫
오보에
바순
트롬본
튜바

도를 갖고 있는 오케스트라는 베를린 필하모니, 빈 필하모니, 네덜란드의 로얄 콘서트헤바우 오케스트라[RCO] 등이 있다. 어떤 오케스트라가 인기를 얻고 있는지 궁금하면 영국에서 발간하는 권위 있는 클래식 잡지『그라모폰』을 참고해도 좋다. 우리나라에는 1956년 처음 연주했던 KBS교향악단을 필두로, 서울 시립 교향악단과 각 시도에서 운영하는 교향악단 그리고 한경아르떼필하모닉 등의 민간 교향악단이 있다. 연주 프로그램에 악단에 대한 설명이 자세히 나와 있는데, 시립교향악단인지 민간 교향악단인지 알 수 있고, 특별히 어느 연주장의 상주단체(대부분의 연주를 특정 연주홀에서 하는 단체)인지도 알 수 있다. 어떤 곡을 어떤 오케스트라가 연주했는지, 그 오케스트라를 어떤 지휘자가 지휘하는지도 음악에 많은 영향을 끼치니 이런 부분을 감안해서 감상하면 좋다.

악기 연주자들은 처음에는 혼자 연주하는 법을 배우고 나중에 함께하는 법을 배운다. 자신의 성향에 따라 독주를 선호하는 사람도 있고, 오케스트라 연주를 좋아하는 사람도 있다. 오케스트라도 나름의 조직이기에 지휘자나 파트 수석의 의견에 따라 자신의 음악 색깔을 조율해야 할 필요가 많은데, 그런 것들이 불편하면 오래 하지 못한다. 입단은 오디션을 통해 하게 되는데, 시립 교향악단의 경우 그 지역에 상주해야 하므로 만약에 서울에 사는 연주자가 다른 지역의 시립 교향악단에 입단하게 되면 날마다 출근에 어려움이 있을 것이다.

　나는 네가 유명 오케스트라의 구성과 오케스트라의 특별한 사연도 관심을 갖길 바란다. 오케스트라의 탄생과 비하인드 스토리에 대한 영화도 많으니 접하기 쉽다. 한국 영화로는 최민식 배우가 트럼펫 연주자로 나와 광산마을의 금관 오케스트라를 지휘했던 《꽃피는 봄이 오면》을 나는 아주 감동 깊게 봤다. 베네수엘라의 빈민가 청소년 대상 교화 작업으로 시작했던 오케스트라 연주를 담은 《엘 시스테마》도 좋았다. 어울림이란 무엇인지, 음악이 지닌 힘이 무엇인지 알게 해줄 것이다.

시몬 볼리바르 오케스트라와
지휘자 두다멜이 연주하는 〈맘보〉

유튜브 검색어 

Gustavo Dudamel & Simon Bolivar Symphony Orchestra
West Side Story Mambo

유럽의 정통 오케스트라 못지않게 감동적인 연주를 들려주는 시몬 볼리바르 오케스트라를 소개한다. 라틴아메리카 독립 운동을 성공적으로 이끈 시몬 볼리바르Simón Bolívar(1873~1830)라는 인물의 이름에서 오케스트라 이름을 따왔다.

이 오케스트라는 2000년대 이후 베네수엘라의 청소년 음악교육 프로그램인 '엘 시스테마El Sistema'라는 약칭으로 세계에 알려졌다. 엘 시스테마는 좋은 교육이라는 뜻으로 경제학자인 호세 안토니오 아브레우(1939~2018, 베네수엘라)가 빈민층 청소년들의 음악교육을 위해 오케스트라를 설립한 것이 그 시작이다. 현재는 베네수엘라 국가 사정이 열악해져 많은 단원들이 악단을 떠난 상태다. 하지만 이 오케스트라 출신 지휘자 구스타보 두다멜과 시몬 볼리바르 오케스트라가 함께 연주했던 〈맘보〉 영상은 여전히 독보적이다. 같은 국적을 지닌 선후배들이 한자리에 모여 음악을 연주하는 기쁨이 얼마나 큰지 알아볼 수 있다.

지휘자 구스타보 두다멜 Gustavo Dudamel 은 1981년 베네수엘라에서 태어났는데, 18세인 1999년부터 시몬 볼리바르 오케스트라의 음악감독을 맡아 지휘하며 유럽과 전 세계에 대단한 영향력을 떨쳤다. 두다멜은 이 오케스트라를 지휘하며 사이먼 래틀이나 클라우디오 아바도 같은 유명 지휘자에게 인정을 받았고, 2009년부터 미국의 LA 필하모니의 지휘자로 활동하고 있다.

지휘자 구스타보 두다멜

fine

오케스트라에는 어떤 악기들이 있을까?

음악에서 악기의 역할은 매우 중요하다. 아무리 악보가 있고 연주자가 있다 한들 정작 소리를 내는 악기가 없다면 모든 것은 의미 없다. 악기는 생물의 특징을 갖고 있어서, 어떻게 연주하느냐에 따라 천차만별의 소리를 낸다. 앞에서 오케스트라를 구성하는 여러 악기에 대해 간략하게 소개했으니, 이제는 구체적으로 악기를 살펴보자.

현을 사용하는 현악기에는 바이올린, 비올라, 첼로, 더블베이스가 있고, 관악기에는 플루트와 피콜로, 오보에, 바순, 리코더, 클라리넷 같은 목관악기와 트럼펫, 트럼본, 튜바, 호른 등의 금관악기가 있다. 타악기는 채를 사용해서 악기를 두드리거나 때려서 소리를 내는데 큰북(베이스 드럼), 작은북(스네어 드럼), 심벌

 네 인생에 클래식이 있길 바래

즈, 탐탐, 탬버린, 트라이앵글, 캐스터네츠, 우드블럭 등 음고(음
높이)가 없는 악기와 실로폰, 팀파니, 마림바, 글로켄슈필, 비브
라폰, 벨처럼 음고를 나타내는 타악기로 나뉜다.

현악기

주요 멜로디를 연주하는 바이올린^{violin}은 가장 높은 음역대를
사용한다. 중간 음역대를 연주하는 비올라^{viola}는 바이올린과 첼
로 사이에서 중개자 역할을 톡톡히 하는 악기로 바이올린보다
는 낮고 첼로보다는 높은 음역대를 아우른다. 너무 높지도 낮
지도 않아 성격 좋은 사람처럼 느껴진다. 첼로^{cello}는 앞으로 끌
어안고 연주하는 악기로, 음색은 마치 사람을 안았을 때처럼
따뜻하다. 활을 위아래가 아닌
왼쪽 오른쪽으로 움직인다. 바
닥에 '엔드핀'이라는 기다란 핀
을 꽂아 고정시킨 후 양다리 사
이에 악기를 세우고 연주하는
것이 특징이다. 연주를 하지 않
을 때는 핀을 넣었다가 연주를
할 때면 나사를 풀어 핀을 빼고
바닥에 고정시킨다.

더블베이스는 콘트라베이스
라고 부르기도 하는데, 첼로보

첼로의 엔드핀

다 훨씬 낮은 음역을 담당해서 규모가 큰 교향곡에 필수적인 악기다. 하프는 현을 문지르지 않고 현을 튕겨서 소리 내는 발현악기로 일부 곡에 등장해서 우아한 분위기를 낸다. 47개의 현이 있고, 엄지부터 네 번째 손가락까지 사용하고, 한 옥타브에 일곱 줄씩 온음계로 조율이 되어 있기 때문에 반음을 소리 내려면 페달을 중앙까지 밟아 내려 현을 짧게 만든다(현의 길이가 짧아질수록 높은 소리가 난다). 음을 조정하는 페달은 모두 일곱 개가 있으며, 한 개의 페달은 모든 옥타브에 걸쳐 같은 음에 작용한다.

목관악기

플루트^{Flute}는 가장 화려한 소리를 내는 목관악기로 주로 새소리를 연상시킬 때 사용한다. 처음에는 리코더처럼 세로로 불었지만 19세기에 와서 가로로 불도록 변형되었다. 플루트 연주자는 지휘자의 정중앙에 앉는다. 세 명의 플루트 연주자가 연주하는 상황이라면 세 번째 연주자는 거의 피콜로를 연주한다. 피콜로^{piccolo}는 이탈리아어로 '작은'이라는 뜻인데, 악기 이름으로 쓰일 때는 작은 플루트를 말한다. 플루트를 반으로 줄여 놓은 것 같은 악기이고 정확히 플루트보다 한 옥타브 위의 소리를 낸다.

오보에^{Oboe}는 '높은 소리를 내는 나무악기'라는 뜻으로 플루트보다 더 명확한 소리를 내면서 소리가 길게 잘 뻗어나간다.

또한 오케스트라 연주 시작 전에 조율을 담당하는 기준 악기로 쓰인다. 오케스트라는 가온(한가운데) 다 음역에 있는 계이름 '라'의 높이에 기준을 두고 조율을 하는데 보통 진동수 442헤르츠에 맞춘다. 독일은 미국에 비해 약간 높은 헤르츠를 선호해서 443헤르츠에 맞추기도 한다.

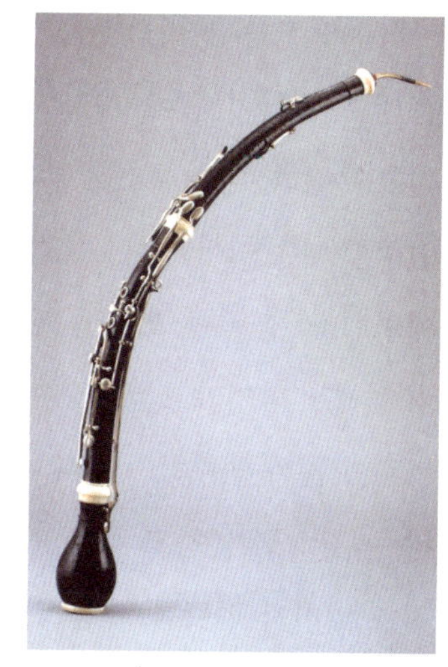

잉글리시 호른

오보에에 하나를 더 추가한다면 잉글리쉬 호른Engellisch Horn을 사용한다. 이름에 호른이 들어가서 금관악기 호른과 비슷한 악기로 오해할 수 있지만 오보에의 사촌 격이다. 길이는 80센티미터 정도 되는데, 악기의 마지막 부분이 식물의 알뿌리 모양처럼 동그랗게 부풀어 있다. 모양으로 보면 천사의 호른 같다고 해서 'Engellisch Horn'이라는 독일어가 붙었는데, 독일어로 'Engellisch'는 '영국의'라는 뜻도 갖고 있어서 사람들에게 영국 호른으로 인식되었다. 하지만 영국과는 전혀 상관없는 악기다. 이름이 비슷한 악기 중에 프렌치 호른이 있는데 이것은 엄연히 금관악기 호른을 의미한다. 알쏭달쏭한 악기 이름들이 몇 가지 있으니 잘 구분하면 도움이 될 것이다.

바순Bassoon은 장작다발처럼 생겼는데 목관악기 중에 가장 길이가 길고 무겁다. 네 부분으로 분리되고 연주할 때는 이어서 사용한다. 오보에처럼 입에 무는 리드가 두 겹이라 겹리드 악기라고 부르고, 음정이 고르지 않아 연주하기가 꽤 까다롭다. 굉장히 예민하고 좋은 귀를 가지고 있어야 연주를 잘할 수 있다. 소리는 그렇게 크지 않고 묵직한 저음을 주로 내며 독주악기로 사용되기보다 오케스트라에서 많은 역할을 한다.

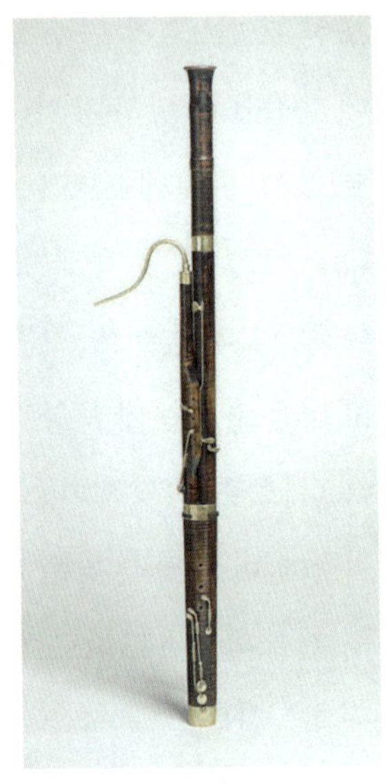

바순

클라리넷Clarinet은 두툼하면서도 부드러운 소리를 내는 악기로 듣고 있으면 왠지 마음이 편해진다. 모차르트가 좋아했던 악기로 **모차르트의 클라리넷 협주곡 2악장**이 아주 유명하니 한 번 들어보길 권한다.

금관악기

금관악기는 목관악기에 비해 소리도 크고 무게도 무겁다. 금관악기는 보통 '브라스'라고 부르는데, 연주자의 입술 진동을 이용해 소리를 내는 악기로 관이 주로 황동brass(황금색을 띠는 합

　　　　네 인생에 클래식이 있길 바래

금)으로 만들어진 것에서 이름이 붙었다. 대개 목관악기 뒤쪽에 위치한다. 호른, 트럼펫, 트롬본, 튜바 등이 주요 금관 4부 구성이고 그 밖에 바그너 튜바, 수자폰*, 코넷, 유포니움 등의 악기도 있다.

호른Horn은 프렌치 호른이라고 불리기도 한다. 동물의 뿔을 이용해 만들어진 악기로 호른이라는 단어 자체도 뿔에서 유래했다. 산에 올라가서 메아리를 외치는 것처럼 소리가 울리는데, 목관악기의 따뜻한 소리와 금관악기의 강한 울림을 동시에 낸다. 둥글게 꼬여진 관은 모두 풀면 약 3.7미터나 된다고 하니 한 숨으로 그 긴 관을 뚫고 멋진 음을 내는 것이 얼마나 어려운 일일지 가늠이 된다.

트럼펫Trumpet은 주로 행진할 때 많이 쓰였던 악기로 중요한 사안을 알릴 때 사용한다. 금관악기 중 가장 높은 음역을 나타내고 멜로디를 담당한다. 보통 악기 연주자를 칭할 땐 마지막에 영어 '-ist'를 붙이는데, 트럼펫은 특이하게 '-er'을 붙여 트럼페터라고 부른다.

트롬본Trombone은 트럼펫보다 훨씬 큰 악기로 앞뒤로 슬라이드를 움직이며 음의 높낮이를 조율한다. 빠른 곡에서는 음의 진행이 순식간에 이루어져야 하므로 매끄러운 연주를 하려면 많은 연습이 필요하다. 트럼펫이 멜로디라면 트롬본은 화음을

* 작곡가 수자Susa가 튜바를 개량한 악기

담당하는 경우가 많아 오케스트라에서 웅장한 느낌을 표현할 때 대단히 중요한 역할을 한다.

　튜바Tuba는 트롬본 옆에 앉는 악기로 금관악기 중에 가장 크고 무겁고, 음역은 가장 낮다. 대체로 악기의 크기가 클수록 음역대는 낮다고 생각하면 된다.

 네 인생에 클래식이 있길 바래

차이콥스키,
발레음악 《호두까기 인형》 중 〈사탕 요정의 춤〉

Tchaikovsky, The Nutcracker Dance of the Sugar Plum Fairy

《호두까기 인형》은 어린아이가 주인공이라는 설정과 상상 속 과자나라로 떠나는 내용 탓에 1892년 초연 당시에는 혹평을 금치 못했다. 1시간 30분에 가까운 공연으로, 기악 연주인 발레 모음곡만 8곡으로 구성되어 평균 30분 정도의 연주 시간이 걸린다. 전체 8곡 중 세 번째에 등장하는 〈사탕 요정의 춤〉은 배달앱 광고에서도 들을 수 있다. 이 곡에서 주의 깊게 들어볼 부분은 '첼레스타'라고 불리는 신기한 악기의 소리다. 얼핏 보면 피아노처럼 생겼지만 소리는 매우 다르다. 19세기 말에 개발된 첼레스타는 건반으로 철제 울림판을 때려 연주하는 건반악기이자 유율타악기(음률이 있는 건반악기)다. 종소리와 비슷한 음색이 특징인데 건반을 이용해 빠르게 연주할 수 있어서 오케스트라의 음향에 다채로운 효과를 더해준다.

비제,
《아를의 여인》 2권 중 〈미뉴에트〉

Bizet, L'Arlésienne Suite No.2 Menuet

프랑스하면 떠오르는 작곡가로는 생상스, 포레(1845~1924), 드뷔시, 라벨(1875~1937) 등이 있는데, 그들의 업적을 무색하게 할 만큼 대단한 작곡가가 있으니 바로 조르주 비제다. 비제는 주로 오페라를 작곡했다. 오페라《카르멘》에 나오는 〈투우사의 노래〉와 〈하바네라〉,《아를의 여인》모음곡 중 2권의 〈미뉴에트〉가 유명하다. 〈미뉴에트〉는 플루트 선율이 아주 감미로운 곡으로 초등학교 교과서에도 나온다. 「아를의 여인」은 우리에게 『마지막 수업』으로 유명한 작가 알퐁스 도데의 단편소설로 1872년 이 소설을 연극으로 만들면서 삽입곡으로 작곡한 27곡의 짧은 곡들이《아를의 여인》에 담겨 있다. 그중에서 8곡을 골라 4곡씩 묶어 1, 2권 나눴는데, 〈미뉴에트〉는 2권 중에서 세 번째 곡이다.

아를은 프랑스의 남부에 위치한 아주 아름다운 풍경의 도시로 음악을 들으면 도시의 모습이 상상된다. 첫 번째 곡은 전원적인 목가 〈파스토랄〉, 두 번째 곡은 간주곡인 〈인터메

 네 인생에 클래식이 있길 바래

조〉, 세 번째 곡은 〈미뉴에트〉로 세 곡 모두 비제의 초기 오페라 《아름다운 페르트의 아가씨》에 나왔던 곡이다. 마지막 네 번째 곡은 프로방스 지방의 활발한 무곡 〈파랑돌farandole〉로 이 곡은 JTBC 예능프로그램 〈비정상회담〉에서 오프닝에 사용되기도 했다.

리하르트 슈트라우스,
교향시 《자라투스트라는 이렇게 말했다》

리하르트 슈트라우스(1864~1949, 독일)라는 작곡가의 이름은 몰라도 이 곡의 서곡 멜로디는 누구나 알고 있을 만큼 유명하다. 슈트라우스는 철학가 프리드리히 니체의 『자라투스트라는 이렇게 말했다』를 읽고 영감을 받아 이 곡을 작곡했다. 책도 네 장으로 구성되어 있고, 음악 역시 네 부분 구성이지만 순서는 동일하지 않다. 모두 여덟 개의 제목이 각각 붙어 있는데 서곡이라고 부르는 〈일출〉이 흐르고, 〈미지의 사람들에 대하여〉, 〈위대한 바람에 대하여〉, 〈기쁨과 열정에 대하여〉, 〈만가〉,

〈학문과 배움에 대하여〉, 〈치유받은 사람들〉, 〈춤의 노래〉, 〈어둠 속 방랑자의 노래〉 등이 30여 분간 계속된다.

이 곡의 백미는 뭐니 뭐니 해도 첫 부분으로 큰북과 더블베이스의 나지막한 반주 아래 트럼펫이 웅장하게 도, 솔, 도 (한 옥타브 위의 높은 도) 세 음을 연주하고 팀파니가 멜로디를 이어받는 부분이다. 마지막에 모든 악기들이 함께 연주하는 총주의 위용은 들어보지 않고서는 감히 상상하기 어렵다. 그 후 다음 곡으로 바로 이어지는데 이때 오르간의 지속음도 웅장한 느낌을 내는 데 큰 몫을 한다.

fine

 네 인생에 클래식이 있길 바래

연주자는 왜 중요할까?

음악에 대해 잘 모를 때는 연주자에 상관없이 누가 치든 모든 곡이 똑같이 들릴 거라고 생각했다. 연주자에 따라 음악이 차이가 난다는 사실을 어렴풋이 알게 된 것은 내가 초등학교 5학년 때였다. 귀국 독주회를 하는 피아니스트가 **모차르트 피아노 소나타 16번 다장조**를 연주하는 것을 듣고 입을 틀어막을 정도로 놀랐었다. 이 곡은 조금이라도 피아노를 배운 사람이라면 다 아는 곡이고, 분명히 나도 알고 있는 악보인데다 이미 연습했던 곡인데 너무나 다르게 들렸던 것이다. 이런 경험을 하고 나니 음악이 더욱 세세하게 들렸다. 그래서 대학에 들어가서는 이 사람 저 사람의 연주를 비교해가며 들었다. 어떤 부분은 비슷했고, 어떤 부분은 굉장히 달랐다.

좋은 연주자는 악기가 가지고 있는 성능을 최대한으로 드러낸다. 아무리 좋은 악기라도 연주자의 기술이나 음악성이 따르지 못한다면 그건 최고 성능의 아이폰을 가지고 통화 기능만 쓰는 것과 같다.

같은 곡이라도 연주자가 달라지면 어떤 변화가 생기는지를 가장 쉽게 알아볼 수 있는 장소가 바로 지정곡이 있는 콩쿠르 경연장이다. 특히 피아노처럼 본인 악기가 아니라 그곳에 이미 마련되어 있는 악기로 연주하는 경우는 현저한 차이가 난다. 각기 다른 연주자의 연주를 들으면서 아티큘레이션articulation*과 프레이징phrasing**의 차이를 느낀다. 같은 문장을 읽지만 모두 다르게 발음하고 표현하는 것과 같이 모두 다르게 연주한다. 문학으로 따지면 번역자에 따라 원문이 다르게 읽히는 것과 같은 것이다.

또한 같은 곡을 같은 연주자가 연주하더라도 언제 연주했는지에 따라 음악의 분위기가 크게 달라지는 것도 감상의 묘미다. 현장예술만이 가지고 있는 특성으로 그날 바로 그 시간에 딱 한 번 나오는 예술이기 때문에 그렇다. 내게 인상 깊었던 몇 명의 연주자를 소개해볼까 한다.

한국을 대표하는 피아니스트는 많지만 노장의 피아니스트

---

* 음표를 표현하는 다양한 방법. 이를테면 이어서 연주, 끊어서 짧게 연주 등이다.
** 악구라고 번역하는데 국어에서 끊어 읽기처럼 음악에서 의미별로 분절하여 연주하는 것을 말한다.

 네 인생에 클래식이 있길 바래

백건우를 빼고 이야기할 수는 없다. 피아니스트 백건우는 한국인 치고는 상당히 큰, 180센티미터가 넘는 거구다. 그는 크고 단단한 손가락으로 피아노 위를 종횡무진 누빈다. 1946년생으로 일찍부터 미국의 줄리아드 음대에서 공부하고 파리에 머물며 유럽과 미국을 중심으로 활동했다. 한국에서도 자주 연주해서 국내팬들도 많다. 난 아직도 2005년에 그가 연주한 베토벤 전곡 소나타의 감동을 잊을 수가 없다. 그는 베토벤의 32개 소나타를 모두 녹음하고, 연달아 일주일 동안 32곡을 연주하는 마라톤 리사이클에 도전해 성공했다. 이건 철인3종 경기를 연달아 하는 것이나 마찬가지일 정도로 체력적 소모가 굉장히 큰 일이다. 우리에게 많이 알려진 **베토벤 피아노 소나타 23번 〈열정〉 3악장**은 입시곡으로 지정될 만큼 어려운 곡인데, 백건우는 엄청난 속도감으로 몰아치며 연주해서, 들을 때 숨을 멎을 뻔했다. 마치 베토벤이 실제로 살아 나와 나에게 말을 거는 것 같았다. 그 어떤 연주보다 빠른 속도감과 불같이 밀어붙이는 백건우의 열정이 가슴에 또렷이 남아 있다. 요즘은 그가 새로 내놓은 슈만의 마지막 작품 연주에 빠져서 잔잔하고 깊은 소리를 듣는 중이다.

소개하고 싶은 또 다른 연주자는 클라우디오 아라우Claudio Arrau(1903~1991)다. 칠레 출신이지만 독일로 이주해 리스트의 제자인 마르틴 크라우제에게 배웠다. 리스트의 제자를 스승으로 둔 연주자답게 리스트의 작품에 능통하면서도 고전 프로그램에 일가견이 있다. 아라우의 연주는 어려운 기교를 뽐내면서도 불필요한 힘이 들어가지 않아서 아주 자연스럽다. 그는 손목과 두 팔을 유연하게 움직이며 힘을 들이지 않는 동작을 연습해야 한다고 말했다. 또한 작곡가가 써놓은 악상에 충실하며 자신의 해석을 표현하되 작곡가가 원래 의도했던 작품의 통일성을 깨지 않아야 한다고도 했다. 언제나 작곡가와 작품에 대해 철저히 연구해야 하며, 연주자는 마음의 평정이 중요하니 정신과 의사들과 정기적인 상담을 할 것도 추천했다.

블라디미르 아슈케나지Vladimir Ashkenazy는 1937년생으로 러시아에서 태어났지만 아이슬란드로 귀화해서 지금껏 활발한 연주활동을 펼치고 있는 연주자다. 과묵하고 겸손하고 수줍음을 많이 타는 내향형의 피아니스트인데 독서광으로 피아노 연주 말고 유일하게 하는 일이 독서라고 한다. 좋은 피아니스트가 되기 위해선 열심히 노력하는 길밖에 없다고 말하는 겸손한 그는 하루 평균 연습시간이 5~6시간이고, 1년에 130회의 연주를 한다고 하니 3일 건너 한 번씩 연주하는 꼴이다. 그는 연주자라면 다양한 포지션으로 손가락 사용법을 익히며 기본에 충실해야 한다고 했다. 그의 손가락을 보면 탄탄하면서도 탄성이 좋은 고무 같다. 아슈케나지는 16~18세까지 일정 수준 이상의 테크닉을 갖추지 못했다면 피아니스트 꿈을 포기하는 게 좋다는 뼈 때리는 조언도 했다. 1955년 제5회 쇼팽 국제 피아노 콩쿠르에서 2위에 입상했고, 1956년 브뤼셀에서 열린 퀸 엘리자베

　　　　　네 인생에 클래식이 있길 바래

스 콩쿠르 1위, 1962년에 열린 차이콥스키 콩쿠르에서도 1위를 차지했는데 요즘으로 따지면 세계 유명 3대 콩쿠르를 모두 석권한 재원이다.

마지막으로 추천할 연주자는 여자 연주자의 자리매김을 확실하게 하는 데 공을 세운 마르타 아르헤치리(1941~, 아르헨티나)다. 지금은 나이가 들어 백발이 되었지만 그녀가 칠흑같이 검은 머리를 흔들며 건반 위에서 사자처럼 포효했던 모습을 보면 남녀를 구분하는 게 무의미하게 느껴질 정도로 정열적이다. 80세가 넘는 나이에도 20대의 젊은 연주자들 못지않게 열정을 쏟아내는 것을 보면 음악하는 사람은 무엇보다도 체력이 중요하다는 사실을 실감한다. 그녀는 남미 출신답게 연주도 뜨겁다. 보통의 연주 속도보다 훨씬 빨라서 어떤 곡이든 평균적으로 2~3분은 짧게 완주한다. 템포가 빠르면 자칫 급하게 들리거나 감정이 빠지는 경우가 많은데 그녀의 연주는 한 치의 구멍도 없이 쫀쫀하다. **차이콥스키 피아노 협주곡 1번**은 피아니스트들에게 단골 연주 프로그램이지만 그녀처럼 처음부터 폭포수가 쏟아지듯 시원스레 화음을 누르는 연주자는 많지 않다.

백건우가 연주하는

베토벤 피아노 소나타 23번 〈열정〉 3악장

유튜브 검색어 

Kun Woo Paik, Beethoven Piano Sonata No.23 Appassionata Ⅲ

아라우가 연주하는

리스트 《초절기교 연습곡》 4번 〈마제파〉

유튜브 검색어 

Claudio Arrau, Liszt 12 Transcendental Etudes, No.4 Mazeppa

아슈케나지가 연주하는

라흐마니노프 회화적 연습곡 Op.39

유튜브 검색어 

Ashkenazy, Rachmaninoff Etudes Tableaux Op.39

아르헤리치가 연주하는

차이콥스키 피아노 협주곡 1번 내림 나단조 Op.23

유튜브 검색어 

Martha Argerich, Tchaikovsky Piano Concerto No.1

　　　네 인생에 클래식이 있길 바래

여행의 또 다른 이름, 음악과 함께하는 축제

모차르트의 고향인 오스트리아 잘츠부르크에서는 여름마다 온 도시가 클래식으로 물든다. 모차르트를 기억하면서 클래식의 향연이 펼쳐진다. 바로 잘츠부르크 페스티벌이다. 이 축제를 보기 위해 전 세계의 클래식 팬들이 모여들고, 클래식에 관심 없던 이들도 관광차 들렀다가 분위기에 흠뻑 취하곤 한다.

매년 7~8월에 열리는 이 축제의 인기가 높아지자 부활절과 겨울에도 축제가 추가되었지만 뭐니 뭐니 해도 클라이맥스는 여름 페스티벌이다. 음악뿐만 아니라 연극, 오페라 등 다양한 연주와 공연이 함께하는데, 다채로운 경험을 할 수 있어 잘츠부르크 페스티벌을 보기 위해 일부러 이곳에서 휴가를 보내는 사람들이 있을 정도다. 잘츠부르크 페스티벌은 1920년에 처음 시작되었다. 제1차 세계대전에서 패배한 오스트리아가 국민들에게 희망을 주기 위해 대성당 앞에서 올린 극작가 후고 폰 호프만스탈Hugo von Hofmannsthal(1874~1929)의 연극《예더만Jedermann》이 그 시초다. 예더만은 '누구든지, 모두'라는 뜻을 가지고 있는 단어이면서 이 연극에 등장하는 부자의 이름이다.《예더만》에서 시작한 축제에 음악이 더해져 성대한 문화예술축제가 되었다. 지금은 고인이 된 세기의 지휘자 헤르베르트 폰 카랴얀이 1956년부터 33년간 빈 필하모니와 함께 축제를 이끌었다. 잘츠부르크는 카라얀의 고향이기에 이 페스티벌에 더욱 애착이 있었을 것이다.

잘츠부르크 페스티벌의 로고는 언제 봐도 멋있다. 왼쪽에는 잘츠부르크 도시를 상징하는 흰색과 빨간색의 깃발이 그려져 있고, 오른쪽엔 연극《예더만》으로 시작된 페스티벌의 특징을 보여주기 위해 가면이 그려져 있다. 아래에 그려져 있는 성은 호헨 잘츠부르크 성이다.

오스트리아에 잘츠부르크 축제가 있다면 독일에는 베를린 발트뷔네 야외 음악회가 있다. 발트뷔네Waldbühne는 숲속의 야외무대를 말하는 독일어인데, 독일을 대표하는 베를린 필하모니 오케스트라가

잘츠부르크 페스티벌 로고

 네 인생에 클래식이 있길 바래

1984년부터 해마다 연주 시즌의 마지막 공연에 청중을 초대해 여는 음악회다. 연극이나 뮤지컬의 마지막 공연에 팬서비스 차원에서 관객과 함께하는 무대를 만드는 것과 비슷하다. 지금은 없어졌지만 한때 큰 인기를 얻었던 우리나라 KBS 〈열린 음악회〉처럼 사람들이 자유롭게 탁 트인 야외에서 편하게 세계 각지의 음악을 즐긴다. 반바지 차림으로 돗자리나 신문지를 깔고 음악을 즐기는 독일인의 모습을 볼 수 있다. 평상시엔 대체로 무뚝뚝하고 냉정해 보이는 독일인들도 이 순간 만큼은 순진한 어린아이의 웃음을 숨기지 않는다. 클래식이 중심이지만 영화음악이나 세계음악도 자주 연주된다. 또한 전통적으로 마지막은 오페레타의 아버지 파울 링케(1866~1946)의 〈**베를린의 공기**Berliner Luft〉가 장식한다. 〈베를린의 공기〉가 연주되면 관객들이 휘파람을 부는데, 마치 빈 필하모니의 라데츠키 행진곡 연주에 청중들이 박수를 치는 것과 같은 느낌이다. 마지막 곡인만큼 지휘자도 자유롭게 퍼포먼스를 펼친다.

한편 스위스에서도 매년 여름마다 열리는 페스티벌이 있다. 바로 베르비에 페스티벌이다. 1994년에 시작되어 오늘날 전 세계적으로 인정받고 있는 이 축제에는 우리나라의 피아니스트 조성진도 자주 초대된다. 베르비에Verviers는 알프스 지역에서 스키로 가장 인기 있는 지역인데, 음악을 들으면서 하이킹도 즐길 수 있는 곳으로 몸과 마음의 휴식이 필요하다면 이곳에 가보기를 추천한다.

발트뷔네 페스티벌의 숲속 야외무대

발트뷔네 페스티벌에서 연주하는 빈 필하모니 오케스트라

   네 인생에 클래식이 있길 바래

한국에서 열리는 축제도 있다. 강원도 평창과 경상남도 통영 앞바다에서 펼쳐지는 두 개의 축제다. 2004년 대관령국제음악제로 시작했던 평창대관령음악제는 2024년에 벌써 21회째를 맞이한다. 13회부터는 명칭을 바꿔서 '평창대관령음악제'로 열렸다. 정명화, 정경화 자매와 피아니스트 손열음이 예술감독으로 활동했고, 2023년에는 첼리스트 양성원이 예술감독을 맡아 전 세계 유명 연주자들과 교수진을 초대해 멋진 공연을 펼쳤다.

다른 하나는 우리나라를 대표하는 작곡가 윤이상(1917~1995)을 기리기 위해 2000년도부터 시작된 음악 축제다. 경남 통영 앞바다를 중심으로 펼쳐지는 이 축제는 처음에는 '통영현대음악제'라는 이름으로 시작해서 2002년부터 '통영국제음악제'로 바뀌었다. 이 축제를 담당하는 통영국제음악재단은 2003년부터 전 세계적으로 재능 있는 젊은 음악인들을 발굴하기 위해 '윤이상국제음악콩쿠르'를 만들기도 했다. 첼로를 시작으로 바이올린, 피아노 콩쿠르를 매해 번갈아 개최한다. 고봉인, 이보경, 김다솔, 조진주 등의 입상자를 발굴했고, 2019년에는 1위 입상자로 임윤찬이 탄생했다.

1장

♪ 메시앙,《새의 카달로그》중 〈알프스 산맥의 요정〉

♪ 지아조토, 〈알비노니 주제에 의한 아다지오〉

♪ 모차르트, 교향곡 25번 사단조 KV.183

♪ 슈베르트, 피아노 5중주 라장조 D.667 〈송어〉 4악장

♪ 베토벤, 바이올린 소나타 5번 바장조 Op.24 〈봄〉 1악장

♪ 리스트,《초절기교 연습곡》S.139

♪ 리스트,《두 개의 전설》1번 S.175 〈새에게 설교하는 아시시의 성 프란치스코〉

♪ 리스트,《두 개의 전설》2번 S.175 〈물 위를 걷는 파울라의 성 프란치스코〉

♪ 하이든, 교향곡 94번 사장조 〈놀람〉 2악장

♪ 요한 슈트라우스 2세, 〈아름답고 푸른 도나우강〉 왈츠

♪ 요한 슈트라우스 2세, 오페레타《박쥐》서곡

2장

♪ 비발디, 바이올린 협주곡《사계》Op.8 No.1

♪ 비발디,《조화의 영감》Op.3 No.6

♪ 스트라빈스키, 〈봄의 제전〉

♪ 베토벤, 교향곡 5번 다단조 Op.67 〈운명〉

♪ 베르디,《레퀴엠》중 〈진노의 날〉

♪ 베르디,《레퀴엠》중 〈리베라 메〉

♪ 바흐, 관현악 모음곡 3번 라장조 BWV.1068 중 〈아리아〉

♪ 말러, 교향곡 2번 다단조 〈부활〉 5악장 합창 부분

♪ 그레고리안 성가

3장

♪ 슈만, 가곡집《미르텐》중 〈헌정〉 Op.25 No.1

♪ 엘가, 〈사랑의 인사〉 Op.12

♪ 베토벤, 피아노 협주곡 3번 다단조 Op.37

♪ 차이콥스키, 바이올린 협주곡 라장조 Op.35

♪ 쇼팽, 안단테 스피아나토 그랜드 폴로네즈 Op.22

♪ 쇼팽, 왈츠 Op.70 No.3

♪ 쇼팽, 녹턴 Op.9 No.2

♪ 라흐마니노프, 피아노 협주곡 3번 라단조 Op.30

♪ 라흐마니노프, 〈보칼리제〉 Op.34 No.14

♪ 라흐마니노프, 〈파가니니 주제에 의한 랩소디〉 Op.43 중 18변주

4장

♪ 라흐마니노프,《악흥의 순간》Op.16

♪ 비제, 오페라《카르멘》중 〈하바네라〉

♪ 푸치니, 오페라《나비 부인》중 〈어느 갠 날〉

♪ 바흐, 파르티타 1번 내림 나장조 BWV.825

♪ 슈만, 〈아베크 변주곡〉 바장조 Op.1

♪ 슈만, 〈유령 변주곡〉 내림 마장조 WoO.24

♪ 헨델,《대관식 찬가》HWV.258 중 〈제사장 사독〉

♪ 그리그, 피아노 협주곡 가단조 Op.16 1악장

♪ 라흐마니노프, 피아노 협주곡 2번 다단조 Op.18 2악장

♪ 쇼팽, 첼로 소나타 사단조 Op.65 3악장

♪ 드보르자크, 교향곡 9번 마단조 Op.95 〈신세계로부터〉 4악장

♪ 말러, 교향곡 5번 5악장 론도-피날레

♪ 베토벤, 현악 4중주 13번 내림 나장조 Op.130 6악장

♪ 멘델스존, 〈핑갈의 동굴〉 Op.26

♪ 멘델스존, 교향곡 3번 〈스코틀랜드〉 2악장 가단조 Op.56

♪ 무소륵스키,《전람회의 그림》중 〈키예프의 대문〉

♪ 보로딘, 오페라《이고르 공》중 〈폴로베치아인의 춤〉

♪ 바그너, 음악극《발퀴레》중 〈발퀴레의 기행〉

♪ 모차르트, 세레나데 K.525 1악장 〈아이네 클라이네 나흐트무직〉

5장

♪ 슈베르트, 〈방랑자 환상곡〉 D.760

♪ 슈베르트, 가곡 〈방랑자〉 D.489

♪ 후지코 헤밍이 연주하는 리스트, 〈라 캄파넬라〉 & 라벨, 〈죽은 왕녀를
위한 파반느〉

♪ 말러, 교향곡《대지의 노래》1악장 〈현세의 고통을 슬퍼하는 술의 노래〉

♪ 모차르트, 오페라《마술피리》중 〈파파게노와 파파게나의 이중창〉

♪ 생상스,《동물의 사육제》중 〈피날레〉

♪ 거슈윈, 〈랩소디 인 블루〉

♪ 텔레만, 트럼펫 협주곡 라장조 1악장 아다지오 TWV.51:D7

♪ 드뷔시, 《베르가마스크 모음곡》 L.75 중 〈달빛〉

♪ 드뷔시, 《판화》 L.100

6장

♪ 시몬 볼리바르 오케스트라와 지휘자 두다멜이 연주하는 〈맘보〉

♪ 차이콥스키, 발레음악 《호두까기 인형》 중 〈사탕 요정의 춤〉

♪ 비제, 《아를의 여인》 2권 중 〈미뉴에트〉

♪ 리하르트 슈트라우스, 교향시 《자라투스트라는 이렇게 말했다》

♪ 백건우가 연주하는 베토벤 피아노 소나타 23번 바단조 〈열정〉 3악장

♪ 아라우가 연주하는 리스트 《초절기교 연습곡》 4번 〈마제파〉

♪ 아슈케나지가 연주하는 라흐마니노프 회화적 연습곡 Op.39

♪ 아르헤리치가 연주하는 차이콥스키 피아노 협주곡 1번 내림 나단조 Op.23

 QR코드를 스캔하면 재생목록으로 연결되어
'음표로 띄운 추신'에 등장하는 클래식을 한 번에 들을 수 있습니다.

A

a cappella [아 카펠라] '카펠라'는 작은 교회 혹은 '교회풍으로 연주하라'는 뜻으로 일반적으로 악기 반주가 없는 합창곡을 말한다.

adagio [아다지오] 안단테와 라르고의 중간 속도. 소나타나 교향곡에서 느린 속도로 쓰여진 악장 자체를 말하기도 한다.

air [에어] 노래 혹은 가곡이라는 뜻. 아리아라고도 한다.

allegretto [알레그레토] 약간 빠르게

allegro [알레그로] 빠르게. 활발하게. 또는 교향곡이나 소나타에서 속도가 빠른 제1악장을 말한다.

ancor [앙코르] 다시 한 번

andante [안단테] 알레그레토와 아다지오의 중간 속도. 악곡의 명칭으로도 사용되어 교향곡이나 소나타의 느린 악장을 의미하기도 한다.

arabesque [아라베스크] 본래 '아라비아 풍'이라는 뜻으로 아라비아 건축 장식의 명칭. 음악에서는 환상적, 장식적인 성격의 곡의 표제로 사용된다.

arpeggio [아르페지오] 분산화음. 화음을 하나씩 펼치듯이 연주하는 것.

B

bariton [바리톤] 남성 성악 파트의 하나로 테너와 베이스의 중간.

baroque music [바로크 뮤직] 바로크 시기의 음악을 말한다. '바로크'는 1600~1750년 유럽의 예술사에서 가장 지배적이던 시대 양식으로 건축과 미술에서도 같은 단어를 사용한다.

base [베이스] 남성 성부 가운데 가장 낮은 소리로 콘트라베이스의 준말. 악기를 나타낼 때는 같은 족family의 가장 낮은 음 악기를 지칭한다. 예를 들면 베이스 클라리넷, 베이스 기타, 베이스 플루트와 같이 쓴다.

Bass continuo [바소 콘티누오] 통주 저음thorough bass. 바로크 시대에 널리

행해졌던 저음 파트의 연주 형태를 말한다.

C

cancan [캉캉]　1830년 프랑스 7월 혁명 이후 등장한 4분의 2박자의 화려하고 역동적인 춤.

cantabile [칸타빌레]　노래하듯이

cantata [칸타타]　17세기 초 이탈리아의 모노디에서 생겨났으며 여러 형태의 반주를 가진 아리아를 말한다. 레치타티보, 중창, 합창 등으로 이루어진 성악 작품 중 하나다. 기악곡의 소나타에 대응하는 말로 가사는 종교적인 것과 세속적인 것이 있다.

capriccio [카프리치오]　기상곡. 멘델스존, 브람스 등 19세기의 작곡가들이 유쾌하고 변덕스런 작은 기악곡에 붙인 명칭이다. 카프리스라고도 한다.

coda [코다]　한 악곡이나 악장 또는 악곡 가운데 큰 단락의 끝에 마치는 느낌을 강조하기 위하여 덧붙이는 악구.

comodo [코모도]　적당한 빠르기로, 기분 좋게, 마음 편하게.

crescendo [크레센도]　점점 세게

D

da capo [다 카포]　'처음부터'라는 뜻으로 D.C.로 표시되며 곡의 처음부터 끝까지 또는 처음부터 'fine'라고 쓰여 있는 곳까지 되풀이하라는 의미다.

decrescendo [데크레센도]　점점 작게

F

flat [플랫]　내림표. 본래의 음보다 반음을 내리라는 뜻의 변화표.

forte [포르테]　강하게. 크게.

G

grave [그라베]　장중하게. 느긋하게.

I

interval [인터벌]　두 음 사이의 음 높이 차이를 말함.

introduction [인트로덕션]　도입부. 어떤 악곡의 주요 부분에 들어가기 전에 놓이는 음악으로서 느린 템포가 많다.

K

key [키]　건반. 피아노와 오르간 등에서 건반을 구성하는 백건과 흑건을 가리킨다.

L

largo [라르고]　매우 느리게. 주로 풍부한 표정을 달고 연주하라는 뜻이 포함된다.

M

major [메이저]　장조

mezzo forte [메조 포르테]　중간 세기로

mezzo piano [메조 피아노]　중간 여리기로

mezzo soprano [메조 소프라노]　낮은 소프라노

minor [마이너]　단조

moderato [모데라토]　보통 빠르기

movement [무브먼트]　악장. 소나타나 교향곡 등을 구성하는 비교적 독립된 부분이다.

N

nocturn [녹턴]　피아노를 위한 낭만적 성격의 소품. 분산화음으로 된 반주에 어느 정도 우울하고 표정적인 선율을 사용한다.

note [노트]　음표

　네 인생에 클래식이 있길 바래

O

octave [옥타브]　8도. 전 음계에서의 8번째 음.

op. [오푸스]　Op라고 불리는 작품번호는 작품이라는 뜻을 가진 라틴어 Opus의 약자이며, 출판된 순서대로 붙는 경우가 많다. 이 번호는 작곡가 자신이 직접 붙인 것이 아니라 출판업자에 의해 붙여지거나 사후에 추가된다. 베토벤 이전의 작곡가 중에는 작품에 대한 저작권을 갖고 있지 않은 경우가 많아 장르별로 구분해 번호를 붙이거나, 작품을 정리한 학자의 이름 이니셜을 붙여 표기하기도 한다.

opera [오페라]　교향악단의 서주와 반주가 있는 노래를 본질로 하는 극음악.

operetta [오페레타]　작은 오페라라는 뜻으로 코믹한 이야기, 알기 쉬운 내용을 다루는 가벼운 희극 오페라를 말한다.

P

pavane [파반느]　16세기 이탈리아의 궁정 댄스. 대부분 4박자이고 간혹 3박자 곡도 있다.

philharmony [필하모니]　음악 애호. '음악을 좋아하다'라는 뜻에서 온 말.

piano [피아노]　여리게

pianisisimo [피아니시시모]　매우 매우 여리게

pitch [피치]　음의 높이. 음의 진동수 차이를 의미한다.

presto [프레스토]　매우 빠르게

Q

quartet [콰르텟]　네 개의 악기나 목소리를 위한 작품.

quintet [퀸텟]　다섯 명의 연주자를 위한 실내악. 현악 5중주는 주로 바이올린 두 대, 비올라 두 대, 첼로 한 대로 구성된다.

R

repertory [레퍼토리]　연주자나 연주 단체의 공연에 관한 연주곡 목록표

나, 관현악단이나 오페라단의 장기 공연 목록표.

rhapsody [랩소디]　광시곡. 서사적, 영웅적, 민족적인 색채를 가진 자유로운 환상곡을 뜻한다.

rondo [론도]　반복되는 주제부와 그 사이의 삽입부로 이루어진다. 주로 고전적 소나타, 교향곡, 협주곡의 마지막 악장에 쓰인다.

rubato [루바토]　'도둑맞다', '잃어버리다'라는 뜻의 이탈리아어로 악곡에서는 독주자나 지휘자의 재량에 따라서 의도적으로 템포를 조금 빠르게 혹은 조금 느리게 연주하는 것을 뜻한다.

S

scale [스케일]　음계

sequence [시퀀스]　반복 진행

serenade [세레나데]　밤에 연인의 창 밑에서 부르는 사랑의 노래. 18세기 중반에 발달한 기악 양식이다.

solo [솔로]　독주 또는 독창. 투티tutti의 반대.

sonata [소나타]　'울리다', '연주하다'를 의미하는 이탈리아어에서 파생된 말. 장르명을 뜻하며 모든 기악곡에서 가장 많이 쓰이는 형태다.

sonatine [소나티네]　내용적으로나 형식적으로 소규모 소나타를 말한다.

staccato [스타카토]　음을 분명하게 분리해서 연주하는 것을 뜻한다.

T

tremolo [트레몰로]　'떨다'라는 뜻. 한 음이나 여러 개의 음으로 이루어진 화음을 빨리 떨리듯이 연주하는 기법이다.

trill [트릴]　같은 두음을 계속해서 번갈아 연주하는 기법. 'tr'이라고 표기하기도 한다.

tutti [투티]　총주. 모두 함께 연주하는 부분.

 　네 인생에 클래식이 있길 바래

V

vibrato [비브라토] '떨다'라는 뜻. 음의 높이의 미미한 동요를 말함. 같은 음의 급속한 반복인 트레몰로와는 다르다.

vivace [비바체] 매우 빠르게

vocalise [보칼리제] 모음 창법. 발성연습에서 말이나 계명을 사용하지 않고 a, e, i, o, u의 모음을 사용해 소리내는 것을 말한다. 또는 모음 창법만을 사용한 예술가곡을 뜻한다.

W

WoO 독일어 'Werk ohne Opus'의 약자로 작품번호가 없는 작품에 붙인다.

네 인생에 클래식이 있길 바래

1판 1쇄 발행 2024년 5월 17일
1판 3쇄 발행 2024년 7월 24일

지은이 조현영
발행인 박명곤 **CEO** 박지성 **CFO** 김영은
기획편집1팀 채대광, 김준원, 이승미, 이상지
기획편집2팀 박일귀, 이은빈, 강민형, 이지은, 박고은
디자인팀 구경표, 임지선
마케팅팀 임우열, 김은지, 전상미, 이호, 최고은

펴낸곳 (주)현대지성
출판등록 제406-2014-000124호
전화 070-7791-2136 **팩스** 0303-3444-2136
주소 서울시 강서구 마곡중앙6로 40, 장흥빌딩 10층
홈페이지 www.hdjisung.com **이메일** support@hdjisung.com
제작처 영신사

Ⓒ 조현영 2024

"Curious and Creative people make Inspiring Contents"
현대지성은 여러분의 의견 하나하나를 소중히 받고 있습니다.
원고 투고, 오탈자 제보, 제휴 제안은 support@hdjisung.com으로 보내주세요.

이 책을 만든 사람들
기획·편집 이승미 **디자인** 임지선